C.H.BECK ■ WISSEN

in der Beck'schen Reihe
2204

W0044604

Die musikalische Gattung des Streichquartetts zeigt auf besonders eindringliche und faszinierende Weise, wie das Genie par excellence Mozart trotz aller Begabung und Förderung um die Beherrschung des Metiers ringt. Schließlich aber wird Mozart vor allem durch die Auseinandersetzung mit dem eigentlichen Begründer der Streichquartette als musikalische Gattung, Joseph Haydn, inspiriert, einen Kanon von Meisterwerken zu schaffen. Er birgt eine verblüffende Vielfalt individueller Werkkonzepte und legt in vollendeter Weise den Charakter Mozartscher Kunst im Bereich absoluter Musik offen.

Marius Flothuis war von 1955 bis 1974 künstlerischer Leiter des Concertgebouw Orchesters Amsterdam, von 1974 bis 1982 Professor für Musikwissenschaften an der Universität Utrecht und von 1980 bis 1994 Vorsitzender des Zentralinstituts für Mozartforschung in Salzburg. Er gilt als einer der international bedeutendsten Mozartforscher der Gegenwart.

Marius Flothuis

MOZARTS STREICHQUARTETTE

Ein musikalischer Werkführer

Verlag C.H. Beck

In dankbarer Erinnerung an die wundervollen Aufführungen
durch die Musiker des Quartetto Italiano:
Paolo Borciani
Elisa Pegreffi
Piero Farulli
Franco Rossi

Die Deutsche Bibliothek – CIP-Einheitsaufnahme

Flothuis, Marius:
Mozarts Streichquartette : ein musikalischer Werkführer /
Marius Flothuis. – Orig.-Ausg. – München : Beck, 1998
(C. H. Beck Wissen in der Beck'schen Reihe ; Band 2204)
ISBN 3 406 43306 5

Originalausgabe
ISBN 3 406 43306 5

Umschlagentwurf von Uwe Göbel, München
© C. H. Beck'sche Verlagsbuchhandlung (Oscar Beck), München 1998
Gesamtherstellung: C. H. Beck'sche Buchdruckerei, Nördlingen
Gedruckt auf säurefreiem, alterungsbeständigem Papier
(hergestellt aus chlorfrei gebleichtem Zellstoff)
Printed in Germany

Inhalt

Vorwort

Über Mozarts Streichquartette gibt es erstaunlicherweise bis heute keine Spezialstudie, abgesehen von der ziemlich oberflächlichen Publikation von Thomas F. Dunhill: *Mozart's String Quartets* (London 1927). Bedeutende Darstellungen kommen im Rahmen größerer Werke vor. Hier ist vorrangig zu nennen: Ludwig Finscher, Studien zur Geschichte des Streichquartetts, Band 1, Kassel et al. 1974.

Ferner sei hingewiesen auf die Studien von Hermann Abert, Téodor de Wyzewa, Georges de Saint-Foix und Alfred Einstein, die alle interessante Kapitel über Mozarts Streichquartette bieten; außerdem auf die Einleitungskapitel der Bände der Neuen Mozart-Ausgabe, die die Streichquartette enthalten (Serie VIII/20, Abt. 1), verfaßt von Karl Heinz Füssl, Wolfgang Plath, Wolfgang Rehm und Ludwig Finscher, und darüber hinaus auf die Studie von Reginald Barrett-Ayres, *Joseph Haydn and the String Quartet* (London 1974), in der Mozarts Streichquartetten drei Kapitel gewidmet sind.

Selbstverständlich sind mir die oben erwähnten Arbeiten von großem Nutzen bei der Vorbereitung meines Buches gewesen. Es ist das Ergebnis langjähriger Untersuchungen, die von Zeit zu Zeit zu Veröffentlichungen geführt haben; sie sind zum Teil als Vorstudien für das vorliegende Buch anzusehen. Ich habe versucht, darzulegen, daß der Komposition der Streichquartette aus den Jahren 1782 bis 1790 heute allgemein als Gipfelpunkt in Mozarts Gesamtwerk und in der Musik der zweiten Hälfte des 18. Jahrhunderts betrachtet – ein langes Studium vorausging; allerdings lag zwischen den Frühwerken und den reifen Meisterstücken auch eine längere Pause. In diesem Band werden zudem die Beziehungen zum Begründer des modernen Streichquartetts, Joseph Haydn, sowie die besonderen Merkmale der einzelnen Werke zur Sprache kommen.

Mozarts Streichquartette werden im Titel jeweils mit der Nummer in der sechsten Auflage des Köchel-Verzeichnisses aufgeführt, also etwa 80/73 f, 421/417 a. Im Text wird dann nur noch die übliche Köchel-Nummer erwähnt (80, 421 und so weiter).

Die Opus-Nummern der Quartette Joseph Haydns habe ich in Anführungszeichen gesetzt, weil diese seit dem Erscheinen des Hoboken-Verzeichnisses kaum mehr verwendet werden.

Amsterdam, im Mai 1998   *Marius Flothuis*

I. Einleitung

1. Bedeutung der Kammermusik

Mit Kammermusikwerken hat Mozart sich sein ganzes Leben beschäftigt. Die frühesten Werke, Sonaten für Klavier und Violine, KV 6–9, stammen aus den Jahren 1762 bis 1764, das letzte, Adagio und Rondo für Glasharmonika, Flöte, Oboe, Viola und Violoncello KV 617, aus Mozarts letztem Lebensjahr. In einem beträchtlichen Teil von Mozarts Kammermusik spiegelt sich der große Wandel wieder, den gerade diese Gattung in der zweiten Hälfte des 18. Jahrhunderts durchmachte. Dieser Wandel läßt sich in den folgenden Punkten zusammenfassen:

1. Die in der Barockzeit noch oft vorkommende Freiheit in der Wahl der Instrumente weicht einer idiomatischen Schreibart;
2. Die Continuopraxis verschwindet zugunsten einer voll ausgeführten Notierung der Mittelstimmen, vor allem der Viola;
3. Es entwickelt sich eine klare Unterscheidung zwischen einfacher und mehrfacher Besetzung der (Streicher-)Stimmen;
4. Die Freiheit in der Wahl zwischen Mitwirkung oder Ausbleiben einzelner Instrumentalstimmen entfällt.

Auf diesen letzten Punkt bezieht sich übrigens die spätere Bemerkung Beethovens, er sei schon mit einem „obligaten Accompagnement"[1] auf die Welt gekommen.

Kammermusik – dazu können in diesem Zusammenhang auch Klavierwerke und Lieder gerechnet werden – war zu Mozarts Zeit eine Gattung, die zunächst für Aufführungen im kleinen Kreis und nicht für die breite Öffentlichkeit bestimmt war; in den Hauptorten von Mozarts kompositorischer Tätigkeit (Salzburg und Wien) waren öffentliche Darbietungen von Kammermusikwerken eher eine Seltenheit,[2] in Paris herrschten in dieser Hinsicht andere Gepflogenheiten.

Ein zweites Merkmal der Mozartschen Kammermusikwerke besteht darin, daß sie überwiegend auf die Initiative des Komponisten zurückgehen, im Gegensatz zu Opern und Kirchenmusik, in vielen Fällen auch zu Sinfonien und Serenaden, die ohne Auftrag womöglich nie das Licht der Welt erblickt hätten.

Die größte Aktivität auf dem Gebiete der Kammermusik entfaltete Mozart in den Wiener Jahren, von 1781 bis 1791: In dieser Zeit entstanden 49 Kammermusikwerke, in den vorhergehenden 20 Jahren 59.

Daß die Mozartsche Kammermusik heutzutage weitgehend zum Repertoire öffentlicher Konzerte gehört, ist vor allem folgenden Umständen zu verdanken: Es war der Geiger Ignaz Schuppanzigh (1776–1830), der erkannte, daß die Quartette Beethovens ein besonderes Studium erforderten und ihre Aufführung nicht mehr ‚Liebhabern' anvertraut werden konnte. Nach dieser Einsicht nahm er nicht nur die Werke Beethovens, sondern auch die Streichquartette Haydns und Mozarts in sein Quartettrepertoire auf. Interessant ist, daß Schuppanzigh damit eine Idee verwirklichte, die schon Mozart beschäftigt hatte. Dieser hatte sich in einem Brief vom 8. 10. 1790 an seine Frau folgendermaßen geäußert: „im advent fange ich ohnehin an kleine quartett-suscriptions-Musiken zu geben." Es scheint übrigens, daß diese nie zustande gekommen sind; nähere Informationen darüber fehlen völlig.

Die Gruppe der Kammermusikwerke für Streichinstrumente ohne Beteiligung des Klaviers umfaßt in Mozarts Œuvre 35 Kompositionen, unter denen das Streichquartett mit 23 Werken am häufigsten vertreten ist.

2. Vorgeschichte

Die Frühgeschichte von Streichquartett (und -quintett) liegt mehr oder weniger im dunkeln. Die Frage, wer als erster ein Streichquartett schrieb, läßt sich nicht eindeutig beantworten. Die Untersuchungen von Ludwig Finscher[3] zu diesem Thema führen zu der überzeugenden Annahme, daß es mehrere Strömungen und Entwicklungen gegeben hat, die in der zweiten Hälfte des 18. Jahrhunderts zur Entstehung des Streichquartetts geführt haben. Aus den unterschiedlichen Bezeichnungen, die seinerzeit für das Quartett verwendet wurden, geht hervor, wie kompliziert diese Materie ist: *Sinfonia a quattro*, *Sonata a quattro*; *Concerto* und *Concertino a quattro*; Sonate, *Concert* und *Symphonie en Quatuor* (französisch); Quartettsymphonie.

Die landläufige Auffassung, Joseph Haydn sei als der „Vater des modernen Streichquartetts" anzusehen, dürfte indessen stimmen; auf jeden Fall ist er der erste bedeutende Meister gewesen, der Streichquartette für vier durchaus gleichwertige Instrumente komponiert hat. Abgesehen von der einfachen Besetzung jeder Stimme, die von nun an zwingend wurde, haben die Quartette besondere Bedeutung im Hinblick auf die Form. Es handelt sich um die Herausbildung des klassischen Sonatenhauptsatzes, der eine Exposition mit zwei (eventuell gegensätzlichen) Themen, einen Durchführungsteil, der unterschiedliche Gestaltungsmöglichkeiten zuläßt, und eine Reprise als veränderte Wiederholung der Exposition umfaßt. Dieses Formprinzip war zunächst bestimmend für den Kopfsatz, wurde aber in zunehmendem Maße auch für langsame Sätze und Finalsätze verwendet.

3. Werkübersicht

Bevor wir uns im einzelnen der Besprechung der 23 Streichquartette Mozarts zuwenden, scheint es sinnvoll und nützlich, eine allgemeine Übersicht zu geben.

Mozarts erstes Streichquartett, im Jahre 1770 zu Lodi komponiert, KV 80, steht ganz für sich. Mit den 1772/1773 entstandenen Quartetten KV 155–160 bildet es die Gruppe der sieben ‚italienischen Quartette'.

1773 wurden die sechs Quartette KV 168–173 komponiert, die als die ‚Wiener Quartette' bezeichnet werden können.

Die nächste Gruppe umfaßt wiederum sechs Werke; es sind die Joseph Haydn gewidmeten Quartette aus den Jahren

1782–1785, KV 387, 421, 428, 458, 464 und 465. Es folgte 1786 wiederum ein Einzelwerk: das 1786 komponierte, von Hoffmeister verlegte Quartett KV 499.

Die letzte Gruppe besteht aus den drei 1789 und 1790 geschaffenen Quartetten, die für den preußischen König bestimmt waren und gemeinhin die ‚Preußischen Quartette‘ genannt werden.

„Ich hab vor meiner abreise zu Mannheim dem
H: v: Gemmingen das Quartett welches ich zu
Lodi abends im wirtshaus gemacht habe, und
dann das Quintett, und die Variationen von
fischer abschreiben lassen."

Mozart an seinen Vater,
Paris 24. März 1778

II. Das Quartett G-Dur, KV 80/73 f

Es gibt wohl kaum eine ernstzunehmende Mozart-Publika-
tion, in der nicht, wenn von den Streichquartetten die Rede
ist, darauf hingewiesen wird, daß dieses Quartett eine Sonder-
stellung in Mozarts Lebenswerk einnimmt. Mehrsätzige Werke, deren Sätze alle in derselben Grundtonart stehen, sind bei
Mozart äußerst selten.[1] Dazu kommt, daß in diesem Fall auch
die Folge der Tempi ungewöhnlich ist: zunächst ein Adagio,
dann ein Allegro sowie ein Menuetto mit Trio. Diesen drei
Sätzen folgt ein angeblich etwas später komponiertes Rondo-
au im Rhythmus einer Gavotte, dessen achttaktiger Refrain,
nach Art des ,Rondo alla francese', dreimal unverändert wiederholt wird.

Es bleibt die Frage, warum sich Mozart bei diesem auf den
15. März 1770 datierten Quartett italienischen Vorbildern
(Sammartini) und Barockprinzipien angeschlossen hat. In elf
vor diesen Datum komponierten Sinfonien[2] hatte er ja bewiesen, daß er die drei- beziehungsweise viersätzige Form vollkommen beherrschte. Hat er von Anfang an das Quartett als
eine Gattung *sui generis* betrachtet? Auch in den zwei bis drei
Jahre später geschaffenen Quartettzyklen kommen hin und
wieder Werke vor, die im formalen Aufbau weder mit dem
damals schon üblichen dreisätzigen, noch mit dem viersätzigen Prinzip übereinstimmen (s. KV 159, 170, 171, Seite 17,
27–29). Die dort aufscheinenden Freiheiten und Abweichungen von der Norm sind in rein sinfonischen Werken nicht an-
zutreffen.

Die Herausgeber des Quartetts in der Neuen Mozart-Ausgabe (VIII/20/Abt. 1/1) sind zwar der Meinung, das Werk sei ein „in jeder Beziehung veraltetes" und auch sonst ein „nicht allzu bedeutendes Werk", widmen ihm aber im Vorwort eine ganz Seite; in der Hauptsache befaßt sich der Text mit der Datierung sowie mit der Frage, zu welchem Zeitpunkt das Rondeau hinzugefügt wurde.

Das Autograph des Werks ist seit dem Winter 1979/1980 wieder zugänglich, und wie aus dem 1989 erschienenen „Kritischen Bericht" hervorgeht, sind die Herausgeber der Meinung, daß das Rondeau erst 1773 hinzugefügt wurde. Somit kann es nicht Wunder nehmen, daß wir es mit einem keineswegs ausgeglichenen Werk zu tun haben. Aber auch ohne dieses Rondeau ist das Quartett alles andere als stilistisch einheitlich; man schaue sich nur die ersten elf Takte (Takt 36–46) des Durchführungsteils des Allegro an: Was hat diese Übung im strengen Kontrapunkt in einem Allegro zu suchen, das durchwegs dem ‚galanten Stil' angehört?

Übrigens wendet Mozart in diesem Allegro ein überraschend simples Mittel an, um in der Reprise das zweite Thema in der Haupttonart erscheinen zu lassen: In der Exposition führt die Überleitung nach dem Hauptthema zu einem Abschluß auf der Dominante (Takt 15), die dann als Tonika des zweiten Themas interpretiert wird; in der Reprise sind die Takte 50–64 eine ‚wörtliche' Wiederholung der Exposition; nun aber wird die D-Dur-Harmonie als Dominante betrachtet, und das zweite Thema setzt in G-Dur ein. Dieses Verfahren kommt in mehreren Frühwerken, ja sogar noch im Konzert für Flöte und Harfe, KV 299/297c, und im 1789 datierten Streichquartett D-Dur, KV 575, vor.

Streichquartett G-Dur, KV 80/73f
Formübersicht

I. Adagio		a	Erstes Thema,	
Zweiteilige Form, einigermaßen mit dem Sonatenhauptsatz verwandt			ohne Abschluß, anschließend Überleitung zum	1–(8)
		b	Zweiten Thema	15–22
Exposition	1–28		Nachsatz	22–28

III. Die Quartette KV 155/134a, 156/134b, 157, 158, 159 und 160/159a

In bezug auf die beiden Gruppen von Streichquartetten KV
155–160 und 168–173 heißt es in Band VIII/20/Abt. 1/1 der
Neuen Mozart-Ausgabe in einer Fußnote (S. 17 bzw. 99), die
sechs Quartette stellten jeweils „einen authentischen Werk-
zyklus" dar. Das ist zweifellos richtig; es gilt übrigens auch für
andere Werkgruppen, wie etwa die ‚kurpfälzischen‘ Violinsonaten, KV 301–306, und die ‚Auernhammer‘-Sonaten, KV
296 und 376–380. In allen Fällen ist es die Logik in der Reihenfolge der gewählten Grundtonarten, die den Einheitscha-
rakter dieser Werkzyklen bestimmt. Die Tonarten stehen stets
entweder in einem Tonika-Dominante-Verhältnis zueinander
oder sind mediantisch – durch Terzrelation – aufeinander bezogen. Die Frage, ob in dieser logischen Abfolge ein Indiz dafür zu sehen ist, daß der Komponist mit einer integralen Aufführung der je sechs Quartette gerechnet hat, ist schwer zu
beantworten. Möglich ist es in jedem Fall, denn eine voll-
ständige Aufführung jedes Zyklus würde kaum mehr als anderthalb Stunden in Anspruch nehmen. Ich komme auf dieses
Problem noch in anderem Zusammenhang zurück.

Die Tonartenfolge der ersten Gruppe ist wohl die einfachste, die man sich denken kann: Jedes Quartett – selbstverständlich mit Ausnahme des letzten – steht in der Dominant-
Tonart des nächsten.[1] Auffällig ist der Reichtum an Tonarten
innerhalb dieses Zyklus: Es sind acht Dur- und fünf Mollton-
arten vertreten.

Die Unausgewogenheit, die das Quartett KV 80 kennzeichnet,
zeigt sich auch in diesen vermutlich im Winter 1772/1773

entstandenen Quartetten; Mozart war offensichtlich dabei, die Kunst des Quartettschreibens zu erlernen, das heißt, sich das anzueignen, was er auf anderen Gebieten – etwa in der Kirchenmusik – schon längst beherrschte. Diese Unausgewogenheit tritt zum Beispiel in einer gewissen Kurzatmigkeit der Hauptthemen zutage, besonders in KV 134a (erster Satz), 158 (erster und dritter Satz), 159 (alle Sätze) und 160 (erster Satz). Ein anderes Zeichen der Unausgeglichenheit ist die größere Reife der langsamen Sätze im Vergleich zu den Haupt- und Finalsätzen; auch hier ist der Unterschied bei den Quartetten KV 134b und 157 weniger augenfällig als bei den übrigen Quartetten. Das Quartett KV 159 bildet durch seine ungewöhnliche Tempofolge einen Fall für sich, auf den ich noch zurückkomme. Die langsamen Sätze der Quartette KV 134a, 158 und 159a weisen außer großem melodischen Reichtum einen saubereren Quartettstil auf als die schnellen Sätze, was sich vor allem in der interessanteren Führung der Cellostimme bemerkbar macht.

Die Hauptsätze sind durchwegs in der Form des Sonatenhauptsatzes geschrieben; das gilt auch für die langsamen Sätze. Die Durchführungsteile in den beiden ersten Quartetten sind noch weitgehend ‚Fantasie-Durchführungen‘; in den übrigen beziehen sie sich immer mehr auf die Motive der Exposition. Die größte Vielfalt in der formalen Gestaltung weisen die Finalsätze auf: ‚Rondo alla francese‘ in KV 134a und 159; Tempo di Menuetto und Trio in KV 134b und 158; Rondo in KV 157; Sonatenhauptsatz in KV 159a.

Wenn die übrigen Quartette schon mehr oder weniger dem Modell der italienischen Sinfonia folgen, so ist im Quartett KV 159 davon nichts zu spüren. Von den 18 Tempobezeichnungen in den Autographen stammen mindestens neun von Leopold Mozart, so auch die Bezeichnung Andante (alla breve) im ersten Satz. Diese dürfte kaum richtig sein. Nicht nur sind manche Figuren in einem echten alla-breve-Andante kaum zu verwirklichen, auch ist der Kontrast zum zweiten Satz, einem Allegro in g-Moll im Dreivierteltakt, zu gering. Dieser Satz ist in seiner für Allegri in dieser Tonart bezeichnenden Heftigkeit der Schwerpunkt des ganzen Werks. Mozart zeigt hier einmal mehr sowohl seine Originalität als auch seine Unausgeglichenheit: Denn der Satz enthält eine solche Fülle von musikalischen Ideen, daß der Durchführungsteil mit seinen 20 Takten (nach einer Exposition von 88 Takten) entschieden zu kurz geraten ist.[2] Diesem eindrucksvollen Satz folgt ein Rondo in B-Dur mit einem eher leichtgewichtigen Refrain, der viermal wiederholt, außerdem in den Takten 57–64 nicht gerade phantasievoll variiert wird[3] – wiederum ein Beleg dafür, daß Mozart als Autor von Streichquartetten noch mitten in seiner Entwicklung steckte. Hans Keller[4] geht zwar entschieden zu weit, wenn er schreibt: *„On the whole, Mozart's early quartets are quite abominable"*; aber es sind gerade Sätze wie dieses Rondo sowie das Finale des Quartetts KV 134a, die verhindern, daß man der gesamten Serie die Sympathie entgegenbringt, die man ihr gern zollen möchte.

Streichquartett D-Dur, KV 155/134 a

I. *(Allegro)*[5]

	Exposition	1–53
a	Erstes Thema	1–12
	Überleitung	13–28
b	Zweites Thema	29–43
	Nachsatz (greift Schlußmotiv des zweiten Themas auf)	43–53
	Durchführungsteil, größtenteils frei, in Takt 64–67 vorübergehend auf das zweite Thema anspielend	54–71
	Reprise	72–119
a'	Erstes Thema, entwickelt sich ab Takt 77 anders als in der Exposition und führt gleich in die Überleitung zum	72–91
b'	Zweiten Thema	92–106
	Nachsatz	106–119

II. *Andante*

Zweiteilige Form, entfernt mit dem Sonatenhauptsatz verwandt

Erster Gedanke, moduliert gleich in die Dominante	1–8
Zweiter Gedanke	9–20
Mittelteil	21–32
Zweiter Gedanke	33–44
Erster Gedanke (Fragment)	45–50

III. *Molto Allegro*

Rondo

a	Refrain	1–16
b	Erstes Couplet	17–32
a'	Refrain	33–48
c	Zweites Couplet	49–66
a''	Refrain (auf die Hälfte verkürzt)	67–74
	Coda (Refrain fragmentarisch in Takt 91–102)	75–102

a' Erstes Thema,
    anschließend stark
    verändertes   77–88
b' Zweites Thema   88–107
    Nachsatz und
    Überleitung   107–118
    Coda   119–126
III. *Presto*
    Rondo alla francese

a   Refrain   1–16
b   Erstes Couplet   17–32
a'   Refrain   33–48
c   Zweites Couplet   49–64
a'' Refrain   65–80
b'   Drittes Couplet
     (dem ersten entlehnt)   81–100
a''' Refrain   101–116
     Coda   117–126

Streichquartett F-Dur, KV 158

I. *(Allegro)*
    Exposition   1–45
a   Erstes Thema   1–10
    Überleitung, mit teilweise
    thematischem Charakter   10–31
b   Zweites Thema,
    rhythmisch verbunden
    mit a   32–41
    Nachsatz   41–45
    Durchführung   46–74
    Reprise   74–127
a' Erstes Thema   74–84
    Neue Überleitung   84–105
b' Zweites Thema   106–115
    Nachsatz   115–119
    Coda   119–127
II. *(Andante un poco allegretto)*
    Zweiteilige Großform,
    quasi Sonatenhauptsatz
a   Erstes Thema
    (ohne Abschluß)   1–6
b   Zweites Thema   7–15

    Nachsatz und
    Überleitung   15–18
    Zwischenspiel   19–26
    Reprise   26–44
a' Erstes Thema   26–31
b' Zweites Thema   32–40
    Nachsatz   40–44
III. *Tempo di Menuetto*
    Dreiteilige Großform
    Hauptsatz   1–64
    Erster Teil   1–20
    Zweiter Teil   21–64
    Mittelteil   21–40
    Veränderte Reprise
    des ersten Teils   41–64
    Mittelsatz   65–110
    Erster Teil   65–80
    Zweiter Teil   81–110
    Mittelteil   81–92
    Veränderte Reprise
    des ersten Teils   93–110
    Wiederholung des Hauptsatzes

Streichquartett B-Dur, KV 159

I. *(Andante)*
    Exposition   1–28
a   Erstes Thema   1–8
    Überleitung   9–16
b   Zweites Thema, aus
    mehreren
    unterschiedlichen
    Motiven bestehend   16–28
    Überleitung   28–29
    Durchführung   30–44

    Reprise   45–71
a' Erstes Thema   45–52
    Überleitung   52–58
b' Zweites Thema   58–70
    Abschluß   70–71
II. *Allegro*
    Frei interpretierter
    Sonatenhauptsatz
a   führt zur Dominante   1–12
b   B-Dur   13

„Der Wolfg: Componiert an etwas ganz Eyferig."
Leopold Mozart an seine Frau,
Wien, 18. September 1773

IV. Die Wiener Quartette, KV 168–173

Mit der nächsten Reihe von Streichquartetten trat Mozart in eine neue, bedeutende Phase seines Schaffens ein. Zwar sind auch diese Quartette in mancher Hinsicht unausgeglichen, aber die Unausgewogenheit ist anderer Art als die der ersten Gruppe.

Diese Quartette entstanden nur wenige Monate nach der ersten Sechsergruppe, im August und September 1773 während eines Aufenthalts in Wien. Daß für Mozart bei der Komposition dieser Werke Joseph Haydns „op. 20" (Hob. III: 31–36) eine entscheidende Rolle als Vorbild gespielt hat, steht außer Zweifel; Mozart war ja von Anfang an ebenso lernbegierig wie lernfähig. Daß er während seines Aufenthalts in Wien (etwa Mitte Juli bis um den 25. September 1773) auch persönlich mit Haydn in Berührung gekommen ist, wie Reginald Barrett-Ayres annimmt,[1] ist durchaus denkbar, aber nicht dokumentiert.

Meistens wird als mögliches Vorbild neben „op. 20" auch „op. 17" (Hob. III: 25–30) genannt, so auch von Barrett-Ayres.[2] Daß Mozart diese Quartette studiert hat, ist mehr als wahrscheinlich; sie haben ihm aber sicher weniger bedeutet als die Quartette Hob. III: 31–36, denn sie enthalten Elemente, die Mozarts Auffassung vom Quartettstil auch in diesem Stadium schon fremd geworden waren, wie etwa die konzertante, bisweilen sogar virtuose Führung der ersten Violinpartie.

Mozart hatte sich nun, ebenso wie Haydn, für die Viersätzigkeit entschieden; wie bei Haydn ist die Position des Menuetto nicht immer die gleiche: Zweimal steht es an zweiter, viermal an dritter Stelle. Auch war Mozart bemüht, den Finalsätzen größere Bedeutung zu verleihen, zweimal, im ersten und im sechsten Quartett, setzte er dazu – auch dies nach

Haydns Vorbild – eine Fuge ein; nur das Finale des Quartetts KV 169 ist noch ein leichter Kehraus. Die Kurzatmigkeit der früheren Themen ist hier einer breitgeschwungenen Melodik gewichen.

Trotzdem haben wir in diesem Zusammenhang von „Unausgeglichenheit" gesprochen; diese Beurteilung erfordert eine Begründung: Unausgewogen ist nicht etwa die Technik – denn Mozart hatte zu dieser Zeit im satztechnischen Bereich schon ein beträchtliches Niveau erreicht[3] –, sondern der emotionale Ausdruck.

Es ist verlockend – wie schon vielfach geschehen –, seine Werke mit dem Sturm- und Drang in Beziehung zu setzen. Abgesehen davon, daß dieser Begriff erst 1776 geprägt wurde und in der Korrespondenz der Familie Mozart beziehungsweise in den Briefen Haydns nicht aufscheint, ist die Möglichkeit, einen solchen Bezug herzustellen, erst aufgrund der historischen Perspektive gegeben, die auch die parallelen Erscheinungen in Literatur und bildender Kunst ins Auge faßt. Die sechs Streichquartette verdienen jeweils eine eigene Betrachtung; dadurch wird es möglich sein, da eben Gesagte zu erläutern und unter Beweis zu stellen.

1. Das Quartett F-Dur, KV 168

Gleich das erste Quartett der Serie zeigt eine nahezu disparate Folge von Sätzen. Der erste ist ein normaler Sonatenhauptsatz mit zwei deutlich voneinander unterschiedenen Themen und einem motivisch auf die Exposition bezogenen Durchführungsteil. Der zweite Satz, in f-Moll, basiert auf einem ‚wandernden' Thema,[4] das diesmal eine besondere Bedeutung erlangt, weil es das Fugenthema aus Haydns f-Moll-Quartett Hob. III: 35 aufnimmt. Dieses durchwegs mit Dämpfern gespielte Andante gehört zu den ergreifendsten Sätzen aus Mozarts ‚Frühwerken'. Er weist mit seinen ungewöhnlichen Bindungen über den Taktstrich hinaus – wodurch der ‚schwere' Taktteil verschleiert wird – weit in die Zukunft –, vergleichbar wäre etwa der sechste Satz aus Beethovens Quartett cis-Moll, op. 131.

Menuetto und Trio sind wieder reine Gegenwartsmusik[5], gehören, im galanten Stil gehalten, ganz in Mozarts Zeit. Und mit dem fugierten Finale griff Mozart auf eine Technik zurück, die in der Kirchenmusik immer noch bedeutsam war, kaum mehr aber in der Instrumentalmusik. Was die Sätze verbindet, ist die Tatsache, daß sie alle mit dem Intervall der absteigenden Quarte (von der ersten zur fünften Stufe) oder deren Umkehrung, der Quinte (von der fünften Stufe zum Grundton), anfangen – im ersten und vierten Satz übrigens umspielt.

Quartett KV 168, Erster Satz

Zweiter Satz

Dritter Satz, Menuetto

Dritter Satz, Trio

Vierter Satz

I.	*(Allegro)*			III.	*Menuetto*	
	Exposition	1–41			Hauptsatz	1–24
a	Erstes Thema (besteht				Erster Teil	1–8
	aus 3+2+2+2+3 Takten)	1–12			Zweiter Teil	9–24
	Überleitung (motivisch				*Trio* (B-Dur)	1–20
	an Takt 12 anknüpfend)	13–18			Erster Teil	1–8
b	Zweites Thema	19–31			Zweiter Teil	9–20
	Nachsatz	31–41		IV.	*Allegro*	
	Durchführung, von der				Fuga	
	Überleitung ausgehend	42–63			Exposition	1–17
	Reprise	63–108			Zwischenspiel	17–20
a'	Erstes Thema,				Zweite Bearbeitung	
	in Takt 74 nach B-Dur				des Fugenthemas,	
	modulierend	63–74			Einsätze in d-Moll,	
	Neugestaltete				g-Moll und B-Dur	20–33
	Überleitung	75–85			Zwischenspiel	33–41
b'	Zweites Thema	86–98			Dritte Bearbeitung	
	Nachsatz	98–108			des Fugenthemas,	
II.	*Andante*				Einsätze in d-Moll,	
	Zweiteilige Großform				a-Moll, F-Dur,	
	Erster Teil	1–28			B-Dur und g-Moll	42–63
	Kanonisch geführtes				Zwischenspiel	63–72
	Hauptthema, nach	1–			Engführung, mit freier	
	As-Dur modulierend	8–13			Fortsetzung	73–87
	Kontrapunktische				Bearbeitung des	
	Fortsetzung, nach c-Moll				Themas in der	
	modulierend	14–28			Umkehrung, Viola,	
	Zweiter Teil				Cello, erste Violine	87–99
	Anfang in As-Dur, zur				Themenkopf in	
	Dominante von f-Moll				der Subdominante,	
	modulierend	29–34			kanonisch (Cello, zweite	
	Reprise	35–67			Violine, erste Violine,	
	Kanonisches Thema,				Viola),	99–
	neugestaltet und in				zur einstimmigen	
	f-Moll abschließend	35–47			Wiederholung des	
	Kontrapunktische				Themas führend	–111
	Fortsetzung, dem ersten				Coda	111–119
	Teil gegenüber erweitert	48–67				

2. Das Quartett A-Dur, KV 169

Das zweite Quartett der Serie ist ebenfalls unausgeglichen, aber auf andere Weise. Hier handelt es sich nicht um stilistische Unterschiede, sondern vielmehr um Probleme der Proportionen und der jeweiligen Struktur der Sätze.

So setzt im ersten Satz in Takt 12 ein Thema ein, das dem Charakter nach ein zweites Thema sein könnte, seiner Stellung nach aber keineswegs. Auch ein Vergleich mit der Reprise lehrt, daß hier nicht von einem zweiten Thema gesprochen werden kann (es steht dort in D-Dur); dies setzt vielmehr in Takt 26 ein. Aber danach ist die Exposition auch gleich zu Ende, wie bei Haydn – auch noch in späteren Werken – manchmal zu beobachten.

Das Andante mit seinem breit ausladenden Hauptthema gehört zweifellos zu den gelungensten langsamen Sätzen des frühen Mozart. Der Komponist geht schon in der Exposition so verschwenderisch mit seinen Ideen um, daß für eine echte Durchführung kein Platz bleibt; er beschränkt sich auf eine Fortsetzung der Schlußformel der Exposition, die dann schon nach acht Takten zur Reprise überleitet. Der Satz, der mehrere aufregende harmonische Rückungen aufweist, steht nicht in einer angemessenen Proportion zum Molto allegro, dauert er doch mehr als zweimal so lang wie der Hauptsatz.

Im Menuetto überrascht das Nebeneinander der in Halben, Vierteln und Achteln voranschreitenden ersten Phrase (Takt 1–12) und der plötzlich einsetzenden Triolenfigur in Takt 13, die dann bestimmend für die Weiterentwicklung wird. Das Trio (16 Takte) ist konsequent zweistimmig gesetzt, das heißt, beide Violinen sind im Oktavabstand gehalten, ebenso wie Bratsche und Violoncello – eine bei Mozart höchst seltene Schreibart.

Nach der Erfahrung des ersten und besonders des zweiten Satzes stellt man sich unwillkürlich ein anderes Finale vor als das ‚Rondo alla francese‘, das dieses Quartett beschließt. Zwar ist es interessanter als die entsprechenden Sätze in KV 155/134a und 159; und es ist, wenn man sich einmal mit der etwas primitiven Rondoform abgefunden hat, ein durchaus gelungener Satz. Doch als Abschluß eines Werks mit diesem überschäumenden Molto Allegro am Anfang und diesem überraschenden Andante erfüllt es nicht ganz die geweckten Erwartungen.

3. Das Quartett C-Dur, KV 170

Das C-Dur-Quartett, KV 170, hält neue Überraschungen
bereit. Es fängt nicht mit einem Sonatenhauptsatz, sondern
mit einer Reihe von Variationen an, nach dem Vorbild von
Haydns Quartetten Hob. III: 12, III: 23 und III: 27. Aber
schon das Thema weist eine Eigentümlichkeit auf: Es besteht
aus zwei ungleichen Perioden im Zweivierteltakt, die beide
wiederholt werden; die erste umfaßt acht, die zweite aber
neun Takte, da das letzte Achtel von Takt 14 und die ersten

drei Achtel von Takt 15 einen Pausentakt bilden,[6] der dem Komponisten Gelegenheit gab, in den Variationen seiner Phantasie freien Lauf zu lassen – was denn auch geschah, wenigstens in den Variationen 1, 2 und 4; in der 3. Variation ist für eine Ausarbeitung der Generalpause kein Platz.[7]

Daß die Reihe mit einer Wiederholung des Themas abgeschlossen wurde, war zu dieser Zeit nicht ganz ungewöhnlich; Mozart verfuhr auf gleiche Weise im letzten Satz der Sonate für Klavier und Violine KV 379/373a – dort übrigens unter Beschleunigung des Tempos und unter Hinzufügung einer kurzen Coda.

Der zweite Satz, Menuetto, lehrt uns einmal mehr, daß zwischen Hauptteil und Trio kein Tempo-Unterschied bestehen darf; der zweite Teil des Trios leitet ohne Unterbrechung zur Wiederholung des Menuetts zurück.

Nachdem diese beiden Sätze schon eine recht ,moderne' Schreibart aufweisen, kehrt Mozart im dritten Satz – von Leopold Mozart mit „Un poco adagio" bezeichnet – zum Typus des Quartetts mit konzertierender erster Violine zurück, ganz nach Art einer lyrischen Opernarie. Zwar dürfen Bratsche und zweite Violine ein paarmal solistisch hervortreten (Takt 24–27, 28–31 und 36–39), sonst haben sie aber eine völlig untergeordnete Rolle; das Cello beschränkt sich sogar ausschließlich auf seine herkömmliche Funktion als Fundament.

Das Finale ist zwar wiederum ein ,Rondo alla francese', mit dreimaliger wortwörtlicher Wiederholung des Refrains, dabei aber alles andere als oberflächlich: Das beweisen die Couplets (in C-Dur, a-Moll und F-Dur, zum Teil auch in f-Moll) und die ausführliche Coda. So bringt das Finale die zu erwartende Abrundung des Werks, in dem das Adagio ein Fremdkörper bleibt.

Streichquartett C-Dur, KV 170

I.	(Andante)		Variation I	18–34
	Thema mit vier Variationen		Variation II	35–51
	Thema, zweiteilig,		Variation III	52–67
	8 + 9 Takte	1–17	Variation IV	68–84

Wiederholung des
Themas 85–101
Die beiden Teile des
Themas werden
wiederholt, so auch in
der Reprise des Themas
am Schluß, nicht
aber in den Variationen

II. *Menuetto*
Hauptsatz 1–32
Erster Teil 1–12
Zweiter Teil 13–32
Trio 1–16
Erster Teil 1–8
Zweiter Teil 9–16
Der zweite Teil hat
keinen Abschluß, führt
also entweder zur
Wiederholung der
Takte 9–16 oder zur
Wiederholung des
Hauptsatzes

III. *(Un poco Adagio)*
Zweiteilige Großform
Erster Teil, hauptsächlich
Solo der ersten Violine
mit begleitenden Akkorden
der anderen Instrumente 1–23
Zweiter Teil 24–58
‚Solo' der Bratsche 24–28

‚Solo' der zweiten
Violine 28–32
‚Solo' der ersten Violine 32–35
‚Duetto' der ersten
und zweiten Violine 36–39
Solo der ersten Violine
(‚Reprise') 40–
Ab Takt 48 neue, nicht
modulierende Entwicklung –58

IV. *(Rondeaux Allegro)*
‚Rondo alla francese',
Alle Episoden mit Auftakt
a Refrain (wiederholt) 1–8
b Erstes Couplet, C-Dur 9–16
a' Refrain 17–24
c Zweites Couplet, a-Moll
(wiederholt) 25–48
Überleitung 49–56
a'' Refrain 57–64
d Drittes Couplet, F-Dur,
(wiederholt) 65–72
Drittes Couplet, f-Moll,
F-Dur 73–84
Überleitung 85–89
a''' Refrain 90–97
e Viertes Couplet 98–107
a'''' Refrain mit
Wiederholung in der
höheren Oktave 108–123
Coda 123–130

4. Das Quartett Es-Dur, KV 171

Daß einem ersten Allegro eine Adagio-Einleitung vorausgeht, ist an sich nicht ungewöhnlich; daß allerdings diese Einleitung in erweiterter Form den Satz beschließt, wie im vorliegenden Es-Dur-Quartett, ist gewiß unüblich; in Haydns Quartetten bis einschließlich Hob. III: 36 (1772) kommt es jedenfalls nicht vor.

Es ist nicht nur dieses zweimalige Adagio, das dem Satz ein besonderes Gepräge verleiht. Das Hauptthema setzt mit einer achttaktigen, kontrapunktisch gesetzten Phrase in gleichen

Notenwerten ein (jeweils punktierte Halbe), so daß der Hörer
erst im neunten Takt spürt, daß es sich um einen Dreivierteltakt handelt. Die Fortsetzung – tanzartig, wie das ganze Allegro assai – leitet gleich zum zweiten Thema über, in dem, wie
öfter in den frühen Quartetten Mozarts, zuerst die beiden
Violinen im Oktavabstand geführt werden, dann bei der Wiederholung die Bratsche die erste Violine in der Unteroktave
verstärkt.

Der Durchführungsteil beschränkt sich auf ein zwölftakti-
ges Zwischenspiel; das Hauptthema kehrt allerdings in einer
zwölftaktigen Coda wieder, bevor das zweite Adagio einsetzt
– eine höchst interessante, „wohl durchdachte Anordnung"[8],
das heißt eine fast symmetrische Struktur:

a	b	c	d	b'
Adagio –	1. Thema –	2. Thema –	Durchführungsteil –	1. Thema –

c'	b"	a'
2. Thema –	1. Thema/Coda –	Adagio

Mozart hatte sein Interesse an der kontrapunktischen Schreibart – am „strengen Satz" – schon im kanonischen Anfang des
f-moll-Adagios im Quartett KV 168 sowie in dessen fugiertem
Finale und im oben beschriebenen Anfang des Allegros dieses
Quartetts bekundet. Hier zeigt es sich außerdem im kanonisch
gesetzten Trio des Menuetts, das im Hauptteil eine ungewöhnliche metrische Struktur aufweist, nämlich: 5+5 Takte,
dann 4+4 und 3+5 Takte.

Der strenge Satz herrscht auch im c-Moll-Andante vor, das
wie der entsprechende Satz im Quartett KV 168 mit Dämpfern gespielt wird. Erste Violine und Cello setzen ohne jede
harmonische Beihilfe ein; das Thema der ersten Violine wird,
genau wie in einer Fuge, in Takt 3 von der zweiten Violine
beantwortet. In der Fortsetzung wird dieser strenge Satz zugunsten einer ‚empfindsamen' Melodieführung aufgegeben; er
wird aber zu Beginn der Durchführung wieder verwendet,
ebenso in der Reprise. Die Verquickung von barocken und
‚modernen' (‚empfindsamen') Elementen ist in Klaviersonaten
der älteren Bachsöhne, Wilhelm Friedemann und Carl Philipp

Emanuel, nicht selten; man möchte wissen, was Mozart von diesen Meistern damals kannte. Mit Carl Philipp Emanuel muß er schon früh vertraut gewesen sein, da der letzte Satz des dritten ‚Pasticcio-Konzertes' KV 40 auf einem Klavierstück dieses Komponisten basiert. Der Name (Wilhelm) Friedemann Bach taucht erst im Brief vom 20. April 1782 auf, in dem Mozart von den Sonntagsmatineen bei Gottfried van Swieten spricht.

Das Finale, abermals im Tanzrhythmus wie ein ‚Deutscher Tanz', ist in der Form eines Sonatenhauptsatzes konzipiert, allerdings mit einem sehr knappen, zwanzigtaktigen Durchführungsteil. Exposition und Reprise schließen beide mit einer Wiederholung des Hauptthemas ab.

Streichquartett Es-Dur, KV 171

I.	*Adagio*	
	Einleitung	1–14
	Allegro assai	
	Hauptsatz ohne	
	Wiederholungen	15–159
	Exposition	15–62
a	Erstes Thema,	
	kanonischer Anfang	15–22
	Fortsetzung und	
	Überleitung	23–35
b	Zweites Thema	36–51
	Nachsatz	51–62
	Mittelteil	
	(keine Durchführung)	63–74
	Reprise	75–126
a'	Erstes Thema	75–82
	Neue Überleitung	83–99
b'	Zweites Thema	100–115
	Nachsatz	115–126
	Wiederholung des	
	Hauptthemas (bis auf den	
	letzten Takt identisch	
	mit Takt 15–27)	127–142
	Nachspiel, erweiterte und	
	variierte Wiederholung	
	der Einleitung	143–159

II.	*Menuetto*	
	Hauptsatz	1–26
	Erster Teil (5+5 Takte)	1–10
	Zweiter Teil	
	(8+3+5 Takte)	11–26
	Trio	1–24
	Erster Teil (Kanon erste	
	Violine und Viola)	1–8
	Zweiter Teil (Kanons	
	Viola und erste Violine)	9–24
III.	*Adagio*	
	Zweiteilige Großform	
	(embryonaler Sonatensatz)	
	Erster Teil	1–10
a	Erstes, kanonisch	
	geführtes Thema	1–5
	Überleitung	5–6
b	Zweites	
	Thema	7 (mit Auftakt)–8
	Nachsatz	8–10
	Durchführung	
	(teilweise kanonisch)	11–18
	Reprise	19–29
a'	Erstes Thema	
	(bis Takt 23 wie oben)	19–23
	Neue Überleitung	23–25

5. Das Quartett B-Dur, KV 172

So uneinheitlich das Es-Dur-Quartett in mancher Hinsicht ist, so ‚normal' entfaltet sich das B-Dur-Quartett, KV 172. Die Außensätze weisen beide die Form des Sonatenhauptsatzes auf. Im ersten Satz ist der Durchführungsteil zwar sehr kurz (nur 19 Takte, gegenüber 52 Takten der Exposition und 56 der Reprise), außerdem wirkt er eher wie ein nicht-motivisches Intermezzo; im Finale aber wird die Thematik der Exposition wiederaufgegriffen und zudem ein vierstimmiger Kanon eingebaut. Die Kanontechnik prägt auch das Menuetto, dessen Trio (in g-Moll) wieder einmal keinen Abschluß hat, so daß die Einheitlichkeit des Tempos in beiden Teilen zwingend vorgeschrieben ist.

Der langsame Satz, Adagio Es-Dur, richtet sich wieder nach dem Modell des entsprechenden Satzes im C-Dur-Quartett; eine stark solistisch hervortretende Partie der ersten Violine, nach Art einer Opernarie, wird hier allerdings unterstützt durch eine Begleitung, die wesentlich interessanter ist als diejenige im C-Dur-Quartett: Zweite Violine und Bratsche ergänzen einander mit Sechzehntel-Figuren, nur das Cello beschränkt sich auf harmoniestützende Achtel. Im ersten Satz ist die Überleitung vom ersten zum zweiten Thema in der Reprise neu gestaltet; im Finale aber macht der Komponist wieder von dem altbewährten Mittel der Umdeutung der Dominant-Harmonie Gebrauch.

Trotz eines gewissen Stilbruchs, bedingt durch die konzertante Schreibart im Adagio, kann das B-Dur-Quartett vergleichsweise als das ausgeglichenste der ganzen Reihe angesehen werden.

Streichquartett B-Dur, KV 172

I.	*(Allegro spiritoso)*			Erster Teil,	
	Exposition	1–52		kanonisch gearbeitet	1–14
a	Erstes Thema	1–10		Zweiter Teil	15–30
	Überleitung	10–26		*Trio*	1–19
b	Zweites Thema	27–43		Erster Teil	1–8
	dreistimmig	27–35		Zweiter Teil,	
	zweistimmig	35–43		ohne Wiederholung,	
	Nachsatz	43–52		also in die Wiederholung	
	Zwischenspiel anstelle			des Menuetto	
	einer Durchführung, auf			zurückführend	9–19
	Orgelpunkt basierend	53–71	IV.	*Allegro assai*	
	Reprise	72–127		Sonatenhauptsatz	
a'	Erstes Thema,			Exposition	1–80
	in Takt 80 in eine	72–81	a	Erstes Thema (kanonisch)	1–9
	neue Überleitung			Überleitung	9–26
	übergehend	81–101	b	Zweites Thema	27–57
b'	Zweites Thema	102–118		Erster Abschnitt,	
	dreistimmig	102–110		F-Dur, f-Moll	27–41
	zweistimmig	110–118		Zweiter Abschnitt,	
	Nachsatz	118–127		F-Dur	42–57
II.	*Adagio*			Nachsatz	57–80
	Zweiteilige Großform			Durchführung	81–112
	Erster Teil	1–11		Reprise	113–200
	Zweiter Teil	12–30	a'	Erstes Thema	113–121
	Erster Abschnitt			Überleitung	
	(quasi Durchführung)	12–18		(unverändert)	121–138
	Zweiter Teil		b'	Zweites Thema	139–169
	(quasi Reprise)	19–29		Erster Abschnitt	139–153
	Nachsatz	29–30		Zweiter Abschnitt	154–169
III.	*Menuetto*			Nachsatz	169–192
	Hauptsatz	1–30		Coda (aus a)	193–200

6. Das Quartett d-Moll, KV 173

Ausgeglichenheit kann man dem Quartett KV 173 nicht bescheinigen, wohl aber eine Ausnahmestellung. Nicht nur ist es das einzige Werk in dieser Reihe, das in einer Molltonart gesetzt ist; es beschließt außerdem die Serie, und zwar in einer Tonart, die zu der des fünften Quartetts im Terzverhältnis und zu der des ersten Quartetts in der Paralleltonart steht: d-Moll. Daß die Reihenfolge der Grundtonarten vom Komponisten sorgfältig erdacht wurde, kann als sicher gelten:

	F	A	C	Es	B	d
Beziehung zur vorhergehenden Grundtonart:		große Terz	kleine Terz	kleine Terz	Dominante	große Terz

Die Tempoangabe für den ersten Satz, Allegro ma molto moderato, ist von Leopold Mozart hinzugefügt worden; bis auf das Wort „ma" verweist sie auf eine Bezeichnung, die bei Schubert mehrfach vorkommt. Wie das erste Quartett fängt auch das d-Moll-Quartett mit einer absteigenden Linie an, die diesmal von der fünften Stufe zum Grundton führt; sie wiederholt sich im Menuett, dort zum Leitton tendierend, und findet ihr Gegenstück im – eher traditionellen – Fugenthema des letzten Satzes, das, vom Grundton ausgehend, zur fünften Stufe absteigt.

Quartett KV 173, Fugenthema

Alle diese Merkmale weisen auf einen klaren Zusammenhang der Sätze hin. Die sich auf diese Weise anbahnende Einheit wird aber auf zweierlei Weise gestört.

Der erste Satz hebt mit einem höchst expressiven Thema an, das den Hörer auf eine gewichtige musikalische Handlung vorbereitet und an entscheidenden Stellen (Takt 33 ff., 56 ff., 65 ff., 103 ff.) wiederkehrt. In Takt 16 jedoch meldet sich ein von Tonwiederholungen geprägtes Motiv, dessen allzu häufige Repetitionen unausweichlich eine gewisse Monotonie auslösen und demzufolge beim Zuhörer eine Ermüdung bewirken können.

Der zweite Satz ist ein liebliches Rondo, Andantino grazioso, dessen Refrain nicht das Gewicht hat, das eine vier- beziehungsweise fünfmalige Wiederholung rechtfertigen würde.

Interessant ist, daß gerade die beiden ‚Fugenquartette‘ Mozart gewisse Schwierigkeiten bereitet haben. Vom Menuett des F-Dur-Quartetts gibt es einen voll ausgearbeiteten Entwurf ohne Trio; außerdem war das Finale ursprünglich acht Takte kürzer als in der endgültigen Fassung. Und das Finale des Quartetts KV 173 wurde gleich zweimal komponiert. Ein Vergleich der beiden Fassungen lehrt, daß die zweite ausschließlich Verbesserungen *in puncto* Aufbau und Stimmführung enthält. Mozart stand sich selbst kritisch gegenüber, aber nicht kritisch genug, um zu bemerken, daß der höchst eindrucksvolle Anfang des ersten Satzes nicht gerade eine ‚standesgemäße‘ Fortsetzung gefunden hatte. Erstaunlich ist, daß er kurz nach Vollendung dieser Quartettserie ein Moll-Werk schuf, das ungleich reifer und ausgeglichener anmutet. Allerdings gehört es zu einer Gattung, mit der Mozart wesentlich mehr Erfahrung hatte: Es handelt sich um die auf den 5. Oktober 1773 datierte Sinfonie in g-Moll, KV 183/173 dB. Die Entwicklung eines Komponisten verläuft nun einmal nicht geradlinig – selbst nicht diejenige eines Genies! Übrigens ist es gerade diese Sinfonie, die aufgrund ihres außergewöhnlich heftigen Charakters des öfteren mit dem Begriff Sturm und Drang in Verbindung gebracht wird.

Streichquartett d-Moll, KV 173

I.	(Allegro ma molto moderato)		
	Exposition	1–44	
a	Erstes Thema	1–8	
	Überleitung	8–24	
b1	Zweites Thema,		
	von a-Moll nach e-Moll		
	modulierend	24–33	
b2	anschließend	33–	
	Nachsatz,		
	kanonisch modulierend		
	aus a,		
	dann Überleitung		
	und b2 zitierend	–44	
	Überleitung	44–45	

V. Intermezzo:
Die quartettlose Zeitspanne

Mehr als neun Jahre vergingen, bis Mozart wieder ein Streichquartett vollendete; das nächste, in G-Dur, KV 387, ist auf
den 31. Dezember 1782 datiert. Was war inzwischen geschehen? Bis zur Reise nach Mannheim im Herbst 1777 war Mozart fast ununterbrochen in Salzburg ansässig; nur im Winter
1774/1775 reiste er nach München, wo seine Opera buffa ‚La
finta giardiniera‘ ihre Uraufführung erlebte. Sonst hatte er
seine Pflichten als erzbischöflicher Hofmusiker zu erfüllen:
Er mußte Kirchenmusik ebenso wie Tanzmusik komponieren,
außerdem Musiken zu Festen der adligen Gesellschaft, Finalmusiken für die Universität und Konzerte für verschiedene Instrumente (Klavier, Violine, Fagott, Oboe); zudem galt es, den
Dienst als Konzertmeister zu versehen.

Alles in allem schrieb er in dieser Periode mehr als 80 Werke, die alle den salzburgischen Bedürfnissen in idealer Weise
entsprachen, hin und wieder auch weit darüber hinausragten,
wie zum Beispiel die Litanei KV 243 und das Es-Dur-Klavier-
konzert KV 271, genannt ‚Jeunehomme-Konzert‘.

Entscheidende Ereignisse bis zur definitiven Übersiedlung
nach Wien waren die Aufenthalte in Mannheim und in Paris.
Während der erste hauptsächlich positive Resultate erbrachte,
endete der zweite mit bitteren Enttäuschungen. In Mannheim
kam Mozart vor allem mit einem großen, hervorragenden
und gut geführten Orchester in Berührung – dem Gegenteil
dessen, woran er in Salzburg gewöhnt war, wo er das erzbi-
schöfliche Ensemble als „liederliche Hofmusik"[1] bezeichnete.
Die Möglichkeiten, die er durch dieses Orchester kennen-
lernte, bestimmten von jetzt an Mozarts orchestrales Denken,
wie die Sinfonie D-Dur, KV 297 (das einzige positive Resultat
des Pariser Aufenthalts) und die 1780/1781 komponierte
Oper ‚Idomeneo‘ beweisen. Negativ wog allerdings, daß Mozart sich in Mannheim vergeblich um eine feste Anstellung
bemühte.

Die Kammermusik hatte in dieser Periode (Herbst 1777 bis Januar 1779) eine periphere Bedeutung in Mozarts Schaffen; zu nennen wären etwa die Flötenquartette.

Daß aber diese Periode für den Reifeprozeß, den Mozart damals durchmachte, entscheidend gewesen ist, darf als gesichert angenommen werden. Unmißverständlich drücken dies Briefe wie etwa vom 11. Oktober 1777 aus, in dem er das Komponieren als „einzige Freude und Passion" bezeichnet, und der vom 11. September 1778, in dem er zu Recht von seinem „superieuren Talent" spricht.

Entscheidend für Mozarts spätere Entwicklung – darauf ist oft genug hingewiesen worden – waren einerseits die durch Baron van Swieten vermittelte Bekanntschaft mit den Werken von Georg Friedrich Händel sowie von Johann Sebastian, Wilhelm Friedemann und Carl Philipp Emanuel Bach, andererseits das Vorbild von Joseph Haydns Quartetten Hob. III: 37–42 (1781). Was Mozart dazu bewogen hat, sich jahrelang in Abstinenz zum Quartettschreiben zu üben, ist nicht erfahrbar. Das gleiche gilt für Haydn, der ebenfalls zwischen 1772 und 1781 keine Quartette geschrieben hat. In diesem Zusammenhang sei darauf verwiesen, daß in den Matineen bei van Swieten häufig Quartette gespielt wurden: Mozart hat zu diesem Zweck sechs Fugen aus dem ‚Wohltemperierten Klavier' für Streichquartett bearbeitet; eine blieb unvollendet. So konvergierten die Begriffe ‚Polyphonie' und ‚Quartett' am selben Ort und zum selben Zeitpunkt.

> „H: Haydn sagte mir: ich sage ihnen vor gott,
> als ein ehrlicher Mann, ihr Sohn ist der größte
> Componist, den ich von Person und den Nahmen
> nach kenne; er hat geschmack, und über das die
> größte Compositionswissenschaft."
>
> *Leopold Mozart an seine Tochter,*
> *Wien, 16. Februar 1785*

Meinem teuren Freunde Haydn!

Ein Vater, der entschlossen, seine Kinder in die große Welt zu schicken, wird sie natürlich der Obhut und Führung eines daselbst hochberühmten Mannes anvertrauen, zumal es das Glück will, daß dieser sein bester Freund ist. Berühmter Mann und mein teuerster Freund, nimm hier meine Kinder! Sie sind wahrhaftig die Frucht einer langen, mühevollen Arbeit, doch ermutigte und tröstete mich die Hoffnung – einige Freunde flößten sie mir ein –, diese Arbeit wenigstens zum Teil belohnt zu sehen. Du selbst, teuerster Freund, warst es, der mir bei Deinem letzten Besuch in unserer Hauptstadt Deine Zufriedenheit zum Ausdruck brachte. Dieser Beifall hat mich vor allem mit Zuversicht erfüllt, und so lege ich Dir denn meine Kinder ans Herz in der Hoffnung, sie werden Deiner Liebe nicht ganz unwürdig sein. Nimm sie also gnädig auf und sei ihnen Vater, Beschützer und Freund. Von dieser Stunde an will ich meine Rechte auf sie an Dich abtreten. Schließlich bitte ich Dich noch, Du mögest Nachsicht mit ihren Fehlern und Schwächen haben, die dem Vaterauge vielleicht verborgen geblieben sind. Bewahre mir ungeachtet dieser Deine reiche Freundschaft, die ich so sehr zu schätzen weiß. Von ganzem Herzen bin ich

Dein ergebenster Freund
W. A. Mozart

(Die ursprünglich in italienischer Sprache verfaßte Widmung Mozarts seiner Streichquartette an Joseph Haydn. Deutsche Übersetzung nach Roland Tenschert, Mozart – ein Künstlerleben in Bildern und Dokumenten, Leipzig und Amsterdam 1931).

VI. Die ‚Haydn-Quartette‘, KV 387, 421/417b, 458, 428/421b, 464, 465

Ein Vergleich zwischen den Quartetten Hob. III: 37–42 von Haydn und den Quartetten, die Mozart in den Jahren 1782 bis 1785 schrieb, liegt auf der Hand, besonders in Anbetracht der Umstände, die das Entstehen dieser Quartette vorbereiteten und begleiteten. Zu diesem Thema bemerkt Barrett-Ayres[1] zu Recht: *„The so-called ‚Haydn-Quartets‘ by Mozart were written after Haydn's op. 33, and there is no doubt that Mozart studied the Haydn works carefully; but Mozart's six great string quartets are not mere copies of op. 33."* Durch Vergleich beider Werkgruppen sollen Parallelen und Unterschiede verdeutlicht werden. An Parallelen gibt es charakteristische und uncharakteristische. Als uncharakteristisch betrachte ich: die Viersätzigkeit der Werke, da diese seit Haydns „op. 20" (Hob. III: 31–36) sowie Mozarts KV 168–173 schon eine Gegebenheit war; die Tatsache, daß die Mittelsätze einen (relativ) langsamen Satz und ein Menuett mit Trio umfassen; die Form der ersten Sätze, die jeweils auf dem Prinzip des Sonatenhauptsatzes mit zwei mehr oder weniger klar ausgeprägten Themen basieren. Zu den charakteristischen Parallelen gehören: die Tonartendisposition der jeweiligen Sätze; die Funktion und der Charakter der Menuettsätze; die Behandlung des Durchführungsteils sowie der Coda; die Formprinzipien der langsamen und der Finalsätze.

Bei genauerer Betrachtung stellt sich heraus, daß es zwei besonders eindeutige, charakteristische Parallelen gibt: Die beiden Werke in einer Molltonart (h-Moll bei Haydn, d-Moll bei Mozart) weisen genau dieselbe Tonartendisposition auf: langsamer Satz in der Paralleltonart, Trio des Menuetts in der Variante der Haupttonart. Das Menuett emanzipiert sich vom Tanz zum vollwertigen Quartettsatz. Dabei ist übrigens zu bemerken, daß sich diese Emanzipation bei Haydn auf den Typus des Scherzo zubewegt, bei Mozart aber in Richtung Sonatenhauptsatz verläuft.

Bei den Unterschieden fällt auf, daß Haydn für die langsamen Sätze einmal die Dominante, zweimal die Subdominante, einmal die Durparallele und zweimal die Mollvariante wählt; Mozart dagegen verwendet einmal die Durparallele und fünfmal die Subdominante.

Die Menuett-Trios stehen bei Haydn viermal in der Haupttonart, einmal in der Durvariante, einmal in der Mollvariante. Bei Mozart finden sich einmal die Haupttonart, zweimal die Dominante, einmal die Durvariante und zweimal die Mollvariante.

In den dafür in Frage kommenden Sätzen (Hauptsatz, langsamer Satz, Finale) fehlt bei Haydn achtmal die Coda; viermal kommt eine etwas längere, sechsmal eine kurze bis sehr kurze Coda vor. Bei Mozart gibt es in neun Fällen eine lange bis sehr lange Coda, sechsmal eine kurze, dreimal keine.

Die Durchführungsteile sind bei Haydn immer zumindest motivisch, meistens sogar thematisch auf die Exposition bezogen; bei Mozart sind sie in zwei Fällen (KV 428 I und 458 I) frei gestaltet oder greifen nur geringfügig auf die Thematik der Exposition zurück, sind aber sonst motivisch oder thematisch angelegt.

Die Formen der langsamen Sätze unterscheiden sich wie folgt: Haydn setzt sie einmal als Sonatenhauptsatz, zweimal als Rondo, einmal in Form von Variationen, einmal zweiteilig, einmal dreiteilig ein; Mozart dagegen komponierte sie dreimal zweiteilig mit zwei Themata (Sonatenform ohne Durchführung), einmal als Sonatenhauptsatz, einmal in Form von Variationen und einmal dreiteilig.

Bei den Finalsätzen sieht es folgendermaßen aus: Haydn verwendet einmal den Sonatenhauptsatz, einmal Variationen, viermal ein Rondo; Mozart setzt viermal den Sonatenhauptsatz, einmal Variationen und einmal ein Rondo ein.

In zweierlei Hinsicht ist ein Vergleich der Quartette beider Meister nicht möglich: 1. Im langsamen Satz des Quartetts Hob. III: 42 verlangt Haydn eine Kadenz der ersten Violine und kehrt damit für einen Moment zurück zum *„quatuor concertant"* mit solistischer erster Violine. Das letzte Kammermusikwerk, in dem Mozart eine zu improvisierende Kadenz verlangt, ist das aus derselben Periode stammende Duo für Violine und Viola in B-Dur, KV 424 (zweiter Satz). 2. Während die Berührung mit Werken Händels und Bachs Mozarts Konzept des Streichquartetts beeinflußt hat, entfällt dies für Haydn. Bei Mozart ist der Einfluß besonders augenfällig im Finale des G-Dur-Quartetts KV 387, beschränkt sich jedoch nicht darauf, wie sich noch zeigen wird.

Ein letzter Unterschied besteht darin, daß Haydn in jedem Quartett unvermittelt mit dem Thema beginnt, Mozart aber seinem Quartett KV 465 eine bedeutsame langsame Einleitung voranstellt.

1. Sechs Werke oder eins?

Am 22. Januar 1785 schreibt Leopold Mozart an seine Tochter Nannerl: „diesen Augenb: erhalte 10 Zeilen von deinem Bruder, wo er schreibt, (...) daß er vergangenen Samstag seine 6 quartetten, die er dem Artaria für 100 duccaten verkauft habe, seinem lieben Freund Haydn und anderen guten freunden habe hören lassen."

Leider sind die „10 Zeilen" verloren gegangen, aber angesichts der bekannten Genauigkeit Leopold Mozarts darf man annehmen, daß er den Brief seines Sohnes korrekt zitiert hat. Dennoch sind mehrfach Zweifel aufgekommen, ob wirklich *alle* sechs Quartette an jenem Tag gespielt wurden. Der Zweifel gilt nicht so sehr der Länge der Werke; auch unter Berücksichtigung der jeweiligen Wiederholungen dauern die Quartette durchschnittlich etwa 30 Minuten – man könnte also ohne Probleme drei Quartette am Nachmittag und die restlichen drei am Abend spielen.

Doch das sechste Quartett wurde erst am Tage vorher vollendet, das heißt, es wurde am 14. Januar 1785 in Mozarts eigenes „Verzeichnüss" eingetragen. Aus Leopold Mozarts Brief vom 16. Februar 1785 geht hervor, daß er die drei früher komponierten Quartette (KV 387, 421/417b und 428/421b) schon besaß – sicherlich in Stimmenabschriften. Darauf könnte jedenfalls eine Notiz für den Kopisten in der Partitur des Quartetts KV 387 (zu Beginn des Andante) verweisen. Womöglich hat Mozart auch die Stimmen zu den Quartetten KV 458, 464 und 465 kurzfristig herausschreiben lassen.

Es wäre also durchaus denkbar, daß am 15. Januar 1785 wirklich alle sechs Quartette gespielt wurden – doch damit ist die im Titel dieses Kapitels gestellte Frage noch immer nicht beantwortet.

Die Veröffentlichung von Kammermusikwerken in Serien von sechs Stücken war zu dieser Zeit fast die Regel und beweist an sich nicht, daß der Autor die sechs Werke als Einheit betrachtete, sondern vielmehr, daß er den „Liebhabern" die Möglichkeit der Wahl bieten wollte. Haydns „op. 20" und „op. 33" sowie Mozarts ‚kurpfälzische' und ‚Auernhammer-Sonaten' wurden jedenfalls in dieser Form präsentiert.[2]

Die Tatsache, daß Mozart für die Veröffentlichung die definitive Reihenfolge durch römische Ziffern angab und das als viertes komponierte Werk (KV 458) ausdrücklich als „III" bezeichnete (und dementsprechend KV 428/421 b als „IV"), deutet darauf hin, daß es mit diesem „op. X" (so Artarias Ausgabe) eine besondere Bewandtnis hat: 1. Durch diese Anordnung entsteht eine regelmäßige Abwechslung in der Position des Menuetts (an zweiter Stelle in Quartett I, III, und V, an dritter Stelle in Quartett II, IV und VI); 2. die Quartette sind in drei Gruppen von je zwei Werken aufeinander bezogen: Quartett I und VI haben die kompliziertesten Finalsätze (KV 387 moduliert in der Durchführung von G-Dur nach b-Moll, KV 465 von c-Moll nach gis-Moll); in ihnen kommen insgesamt fünf Tonarten vor; letzteres ist auch der Fall bei den Quartetten II und V, die beide einen Satz in Form von Variationen enthalten; die Quartette III und IV bilden zusammen gleichsam einen Ruhepunkt, wobei außerdem nur drei, und zwar ausschließlich Durtonarten verwendet wurden.[3]

2. Das Quartett G-Dur, KV 387

Es ist bekannt, daß Mozart ein außergewöhnlich gutes musikalisches Gedächtnis und Vorstellungsvermögen besaß, die es ihm ermöglichten, ein Werk im Kopfe ‚fertig‘ zu komponieren, so daß das Niederschreiben eine quasi mechanische Arbeit war. Zwar muß seine Mitteilung im Brief an den Vater von 30. Dezember 1780 in bezug auf den dritten Akt der Oper ‚Idomeneo‘: „komponiert ist schon alles, geschrieben noch nichts", vielleicht nicht ganz wörtlich genommen werden; Mozart kann gemeint haben, daß noch nichts in vollständiger Partitur vorlag, daß aber Notizen – etwa die Singstimme beziehungsweise der Part der ersten Violine und des Basso – doch schon vorhanden waren.[4] Die folgende Bemerkung im Brief an die Schwester vom 20. April 1782 ist jedoch unmißverständlich: „hier schicke ich dir ein Praeludio und eine dreystimmige fuge. (…) es ist ungeschickt geschrieben, – das Praeludio gehört vorher, dann folgt die fuge darauf. – die ursache aber war, weil ich die fuge schon gemacht hatte, und sie, unterdessen ich das Praeludio ausdachte, abgeschrieben." Die Mitteilung, daß Mozart über das Vermögen verfügte, eine Komposition zu konzipieren und gleichzeitig eine andere niederzuschreiben, gehört zu den kleinen Wundern seiner kompositorischen Begabung.

Indessen zeigen mehrere Autographe Mozarts, daß die Arbeit des Komponierens – anders gesagt: der Schaffensprozeß – manchmal noch während des Schreibens fortgesetzt wurde, ja sogar noch darüber hinaus, nämlich bis zur Drucklegung. Denn in der gedruckten, im September 1785 bei Artaria in Wien erschienenen Ausgabe der sechs ‚Haydn-Quartette‘ sind mehrere meist kleinere Abweichungen vom Autograph zu verzeichnen, die allesamt Verbesserungen darstellen; sie stempeln diese Publikation dadurch eindeutig zur Ausgabe letzter Hand.

Gleich das erste der ‚Haydn-Quartette‘ enthält viele Beispiele dafür, was Mozart bei Haydn, Händel und Sebastian Bach gelernt hatte. Vor allem der erste Satz ist ein Musterbeispiel

für ‚motivische Arbeit': Die Durchführung, diesmal fast ebenso lang wie die Exposition – eine Ausnahme bei Mozart – basiert ganz auf dem Hauptthema und einigen Nebenmotiven;
das zweite Thema kommt hier überhaupt nicht zur Geltung.
Die Überleitung vom ersten zum zweiten Thema ist in der
Reprise völlig neu gestaltet; das eher simple Verfahren, dem
wir in den frühen Quartetten begegneten, wobei eine Dominant-Harmonie unterschiedlich gedeutet wird (s. oben S. 14),
kommt in den reifen Werken nicht mehr zur Anwendung. Nur
einmal kehrt Mozart zu ihm zurück, nämlich im Quartett D-
Dur, KV 575.[5]

Die Reprise weist kleine Abweichungen gegenüber der Exposition auf: einen interpolierten Takt im Hauptthema, pp,
gleichsam eine Parenthese (Takt 116); eine Erweiterung der
sechs Takte 42–47 zu den elf Takten 150–160; und die winzige, aber charakteristische Erweiterung in den Takten 167–168
(mit Trugschluß auf e) – alles Mittel, die Reprise interessanter
und spannender zu gestalten.

Es ist des öfteren darauf hingewiesen worden, daß der
Hauptteil des Menuetto in ganz knapper Form die Struktur
des Sonatenhauptsatzes aufweist: Ein zweites Thema in D-
Dur tritt in Takt 21 in Erscheinung, die Takte 41–62 haben
die Funktion einer Durchführung. Im Trio (in g-Moll) ist kein
deutliches ‚zweites Thema' zu erkennen, wohl aber im ersten
Teil eine Wendung nach d-Moll sowie eine kurze ‚Durchführung' (Takt 26–33).

Auch das Andante cantabile (C-Dur) basiert auf dem Prinzip des Sonatenhauptsatzes; die Exposition reicht bis Takt 48,
das zweite Thema setzt in Takt 30 ein. Es fehlt aber eine
Durchführung, denn die (erweiterte) Reprise beginnt schon in
Takt 51. So entsteht eine Form, die man als einen ‚Sonatensatz ohne Durchführung' bezeichnen könnte – was zwar wie
eine *contradictio in terminis* wirkt, dem Sachverhalt aber
ziemlich genau entspricht. Die Reprise ist um einige höchst
eindrucksvolle Takte (63–70) erweitert worden; sie finden ein
Gegenstück im zweiten und vierten Satz des sechsten Quartetts, C-Dur (s. unten, S. 52–54).

Das Finale stellt wohl eine der größten kompositorischen Leistungen Mozarts dar. Denn hier sind die unterschiedlichsten Elemente zu einem Ganzen zusammengeschmiedet worden, das sich sowohl durch Einheit als auch durch Vielfalt auszeichnet.

Abermals gilt der Grundriß des Sonatenhauptsatzes, der aber wiederum völlig neu gestaltet wurde. Das Hauptthema präsentiert sich gleich als Fugenexposition (Takt 1–17), dem ein harmloses Nachspiel folgt, das sich anfangs durchaus homophon entfaltet. Aber schon in Takt 31 fordert der Kontrapunkt seine Rechte, muß diese allerdings in Takt 39 schon wieder an die homophone, stark chromatisierte Weiterführung der Überleitung abtreten. In Takt 51 setzt dann in D-Dur – also da, wo man ein ‚zweites Thema‘ erwarten könnte – ein neues Fugenthema ein, das sich in Takt 69 als Kontrapunkt zum ersten Fugenthema entpuppt.[6]

Nach dieser komplizierten Entwicklung wäre es Zeit für eine gewisse Entspannung; diese tritt in Takt 91 mit einem dritten Thema ein, das in seinen 16 Takten nur zwei Harmonien verwendet: die Tonika und die Dominante. Den Entspannungscharakter dieses Themas hat Mozart durch Hinzufügen des Wortes *„semplice"* als Vortragsanweisung betont.

Der kurze Nachsatz verweilt nach wenigen Takten auf der Dominante, von wo ein kleiner chromatischer Übergang (Umkehrung der chromatischen Linie in den Takten 39–42!) entweder zur Wiederholung der Exposition überleitet oder zum Beginn der Durchführung, in der nach 18 Takten auf chromatischem Wege die Dominante von b-Moll erreicht wird. Und hier folgt eine sequenzartige Behandlung der Moll-Fassung des (ersten) Fugenthemas.

Nach einer Generalpause (Takt 174) setzt die Reprise ein, die in zweifacher Weise ungewöhnlich ist: Zum einen beginnt sie nicht in der Haupttonart[7], sondern in der Subdominante C-Dur, zum andern nicht mit dem Hauptthema, sondern mit dessen Nachspiel (Takt 175 entspricht Takt 17 der Exposition). Zum Zeitpunkt, da das zweite Fugenthema einsetzen sollte, meldet sich dieses nicht separat – das wäre unlogisch, nachdem die Kombination mit dem ersten Thema (Takt 51) schon erklungen ist –, sondern zusammen mit dem ersten.

Die Überleitung zum dritten Thema ist völlig neu, denn die Moll-Fassung des ersten Themas wird in Es-Dur harmonisiert (Takt 221) und von Fanfarenmotiven begleitet, die so auf ungewohnte Weise das dritte Thema (Takt 233–250) vorbereiten.

Der Nachsatz hat wiederum eine Doppelfunktion: Er kann zur Wiederholung der Durchführung zurückleiten, oder aber zur Coda, die übrigens auf die chromatischen Motive der Durchführung zurückgreift. Und nach guter Tradition des ‚strengen Satzes' setzt in Takt 282 eine ‚Engführung' ein, der ein sehr kurzer, homophoner Abschluß folgt. Hier könnte theoretisch der Satz abgeschlossen sein. Aber der Komponist zieht es vor, das erste Fugenthema noch einmal in homophoner Gestalt erklingen zu lassen.

Streichquartett G-Dur, KV 387

	I. *Allegro vivace assai*			Erster Teil	1–40
	Exposition	1–55	a	Erstes Thema	1–11
a	Erstes Thema	1–10		Überleitung	11–20
	Fortspinnung und		b	Zweites Thema	21–28
	Überleitung	11–24		Nachsatz	29–40
b	Zweites Thema	25–38		Zweiter Teil	41–94
	Nachsatz	39–55		Durchführungsteil	41–62
	Durchführung, vor allem			Reprise	63–94
	auf erstem Thema		a'	Erstes Thema	
	basierend, auch Motive			(ohne Abschluß)	63–
	des Nachsatzes		b'	Zweites Thema	74–81
	verwendend	56–108		Nachsatz	82–94
	Reprise	108–170		*Trio*	
a'	Erstes Thema	108–118		Embryonaler	
	Interpolation	116		Sonatenhauptsatz	
	Überleitung	119–132		Erster Teil	1–25
b'	Zweites Thema	133–146		Zwischenspiel	26–33
	Nachsatz			Reprise	34–54
	erheblich erweitert	147–170		III. *Andante*	
	II. *Menuetto*			Zweiteilige Großform	
	Hauptteil, als knapper			(‚Sonatenhauptsatz ohne	
	Sonatenhauptsatz			Durchführung')	
	konzipiert	1–94	a	Erstes Thema	1–7

3. Das Quartett C-Dur, KV 465

Da das Quartett KV 387, wie weiter oben ausgeführt (s. S. 43), zusammen mit dem Quartett KV 465 eine Gruppe bildet, soll jetzt zunächst auf letzteres eingegangen werden. Dieses meistens als „Dissonanzen-Quartett" bezeichnete Werk ist in fast jeder Hinsicht ein Gegenstück zum Quartett G-Dur KV 387. Es enthält gleichfalls einen „Andante cantabile" überschriebenen ‚langsamen' Satz, in Form eines Sonatensatzes ohne Durchführung, doch mit bedeutender Coda; das Trio des Menuetts steht in der Mollvariante der Haupttonart; die Durchführung des Finale gelangt in entlegene Tonarten (bis zu gis-Moll). Vom früheren Quartett weichen die Stellung der Mittelsätze sowie die langsame Einleitung des ersten Satzes ab. Und diese ist es nun gerade, die einen direkten Bezug zum Quartett KV 387 aufweist. Denn der kanonisch geführte Anfang ist nichts anderes als eine auf drei Stimmen verteilte Mollvariante des Fugenthemas aus dem Finale des G-Dur-Quartetts.

KV 387, Vierter Satz, Durchführung, Takt 143–147

Auf diesen Anfang bezieht sich wahrscheinlich der oben er-
wähnte, noch immer herumgeisternde Spitzname; manche
Theoretiker, ja sogar Praktiker erschraken vor dem Querstand
as (Viola) zu a" (erste Violine) und suchten ernsthaft, Mozart
zu verbessern.

KV 465, Erster Satz, Adagio-Einleitung, Takt 1–3

In Wirklichkeit gibt es in allen Quartetten häufig Dissonanzen, die manchmal auf ungewöhnliche, aber immer logische
Weise aufgelöst werden.

Viel wichtiger als die angeblichen Dissonanzen ist der harmonische Verlauf dieser Introduktion. Das Quartett steht in
C-Dur, die Einleitung fängt aber in c-Moll an, was übrigens –
ebensowenig wie etwa in der Klavierphantasie KV 475 –
durch Vorzeichen nicht angedeutet ist. Ein C-Dur-Akkord
kommt in der ganzen Einleitung nur einmal vor, und zwar,
kaum bemerkbar, quasi als ‚Durchgangsakkord' auf dem
zweiten Achtel in Takt 14.

KV 465, Takt 13–14

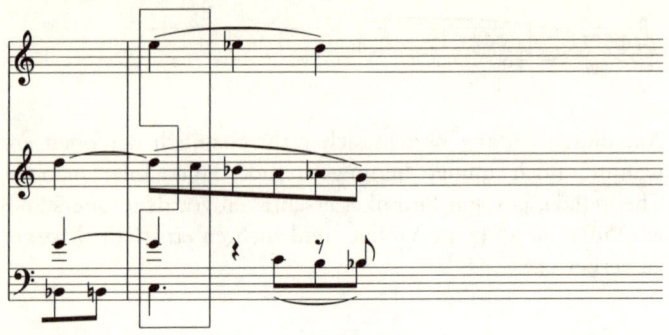

Erst das Eintreten des e in der Violastimme in Takt 19 und die orgelpunktartige Behandlung des Cello in den Takten 19–21 können dem sachkundigen Zuhörer das Gefühl geben, daß er mit Takt 19 zur Dominante von C-Dur gelangt ist. Die Tatsache, daß diese Einleitung harmonisch unbestimmt, quasi ‚suchend‘ ist, nahm der französische Forscher Jacques Chailley[8] zum Anlaß, sie zu Mozarts Einweihung in die Loge ‚Zur Wohltätigkeit‘ in bezug zu setzen, die genau einen Monat vorher stattgefunden hatte. Wenn wir auch äußerst vorsichtig sein sollten mit ‚programmatischen‘ Deutungen instrumentaler Musik aus der präromantischen Ära, so ist Chailley's Deutung doch nicht völlig von der Hand zu weisen. Denn daß mit dem Beginn des Allegro in Takt 23 die dunklen Schatten der Introduktion vertrieben werden, scheint unverkennbar.

Wie das Finale von KV 387 beschränkt sich dieser erste Satz nicht auf zwei Themen, sondern weist deren drei auf – was übrigens bei Mozart öfter vorkommt (vgl. etwa die ersten Sätze der Violinsonate KV 481 und des Klavierkonzerts KV 503). Das erste Thema umfaßt nicht weniger als 22 Takte; die anschließende Überleitung klingt schon fast wie eine Durchführung, denn das Anfangsmotiv wird gleich dreimal kanonisch beantwortet. Die Überleitung führt zu einem Abschluß auf der Doppeldominante D-Dur (Takt 55). An dieser Stelle

kann mit Fug und Recht ein zweites Thema in G-Dur einsetzen, das aber erst in Takt 71 abgeschlossen ist. Ihm folgt
dann gleich ein drittes Thema, das teilweise kontrapunktisch
aufgebaut ist und schon nach acht Takten beendet wird. Der
sich anschließende Nachsatz ist vor allem wegen seiner sich
überkreuzenden dynamischen Bezeichnungen interessant; die
Codetta (Takt 91) greift, wie üblich, auf das Hauptthema zurück, dessen Anfangsmotiv kanonisch in der Umkehrung beantwortet wird. An eine kurze Überleitung kann sich – wie im
Finale von KV 387 – sowohl die Wiederholung der Exposition als auch die Durchführung anschließen.

Diese basiert vor allem auf dem Hauptthema, dessen Anfangsmotiv nun von der Diatonik zur Akkordbrechung erweitert wird (Takt 125). Ganz nach Haydns Vorbild wird dieses
neue Motiv in der weiteren Entwicklung abwechselnd f, staccato und p, legato, gespielt.

In der Reprise führt die stark verkürzte Überleitung zur
Dominante (Takt 175), woraufhin die weitere Entwicklung
analog zur Exposition erfolgt. Auch hier schließt sich an die
Überleitung in den Takten 219–226 entweder die Wiederholung des zweiten Teils oder die ausführliche Coda an. Diese
hält in den Takten 230–231 zweimal je acht Dissonanzen bereit, die dem Quartett ebensogut seinen Spitznamen hätten
geben können wie die Anfangstakte der Einleitung. In der
Folge wird das übliche binäre Metrum dreimal von einem ter-
nären abgelöst (Takte 232–234, 235–237, 238–240), was übrigens in Mozarts Spätwerken keine Seltenheit ist.

Das Andante cantabile hat, wie der entsprechende Satz im
Quartett KV 387, die dem Sonatenhauptsatz ähnelnde Form
mit zwei deutlich erkennbaren Themen (Takt 1–12 und 26–
39), jedoch ohne Durchführung; dafür weist sie eine um mehrere Takte erweiterte ‚Reprise‘ (Takt 45–101) und eine ausführliche, besonders ausdrucksreiche Coda auf. In der Reprise
werden acht der zwölf Takte des Hauptthemas reichlich variiert; nicht variiert werden demgegenüber im ersten und zweiten Takt die Töne, die zusammen das ‚Jupiter-Motiv‘ bilden
und die auch in der Coda wiederkehren.

KV 465, Zweiter Satz, Takt 102–105

Die Überleitung zum zweiten Thema, wie in der Exposition vom gleichen Motiv ausgehend, ist stark erweitert und führt in Takt 67 zu einem Höhepunkt von ungeheuerer Spannung.

Problematisch sind für manche Wissenschaftler und Ausführende die Takte 26 und 75, in denen das Cello allein pp einsetzt; viele sind der Ansicht, daß hier ein Irrtum vorliegt. Meines Erachtens ist es undenkbar, daß Mozart nach zweimaligem Durchspielen des Werks (am 15. Januar und am 12. Februar 1785) und beim Korrigieren der gedruckten Stimmen nicht bemerkt haben sollte, daß hier etwas fehlt. Außerdem setzt in Takt 85, an der Stelle, wo die Erweiterung der Reprise mit der Mollfassung desselben Motivs beginnt, die Bratsche zusammen mit dem Cello ein; sollte das nicht gerade ein Indiz dafür sein, daß Mozart die Takte 26 und 75 bewußt so gestaltet hat? Die Mollfassung hat übrigens in diesem Andante eine ähnliche Funktion wie die Des-Dur-Episode im Andante des Quartetts KV 387 (s. oben, S. 65).

Der Satz muß auf Haydn großen Eindruck gemacht haben; elf Jahre später erinnert er sich an die charakteristische Baßfigur am Schluß des zweiten Satzes seines Quartetts Hob. III: 80, hier in H-Dur.

Fing die Einleitung des ersten Satzes mit einer verkappten Mollfassung des Fugenthemas aus dem Quartett G-Dur an, wobei die Quinte chromatisch umspielt wird, verfährt Mozart im Menuett umgekehrt: Das Hauptthema setzt mit der Umspielung der Quinte ein und führt von da abwärts zum Grundton, der gleich in Takt 2 mit dem Dreiklang der sechsten Stufe trugschlußartig harmonisiert wird. Obgleich der Satz kein zweites Thema enthält, ist die Ähnlichkeit mit dem Sonatenhauptsatz unverkennbar. Der Satz moduliert schon bald nach G-Dur (Abschluß in Takt 20), enthält eine ‚Durchführung‘ von 19 Takten und eine ‚Reprise‘ von 24 Takten.

Ähnlich verhält es sich im Trio, das außerdem in den Takten 25 und 27 (erste Violine) sowie 26 und 28 (zweite Violine) auf das Hauptthema des Menuetts verweist.

KV 465, Dritter Satz, Trio, Takt 25

Eben sowie das erste Allegro fängt auch das Finale mit einem ungewöhnlich umfangreichen Thema an: Es umfaßt 34 Takte. Chromatik spielt eine bedeutende Rolle in diesem Satz, ähnlich wie im Finale des G-Dur-Quartetts. Schon im 3. bis 6. Takt greifen chromatische Motive – hier noch untergeordnet – ein, ebenso in den Takten 27–28. Das ändert sich beim Eintritt des zweiten Themas in Takt 54 (zweite Violine). Die chromatische Entwicklung führt zu einem Höhepunkt in den Takten 108–115 und schließlich, in der Durchführung, zu einer Modulation, mit der in Takt 173 die weit entfernte Tonart gis-Moll erreicht wird. Der gis-Moll-Dreiklang wird dann als dritte Stufe von E-Dur gedeutet, dessen Dominante nach wenigen sequenzierenden Takten in Takt 180 den musikalischen Fluß abbricht, gleichsam als frage der Komponist: „Wie geht es weiter?" Das ‚Weitergehen‘ geschieht dann auf einfachste Weise: Zunächst wird der Anfang des Hauptthemas in E-Dur zitiert, dann in e-Moll – und dieses e-Moll wird dann als dritte Stufe von C-Dur gedeutet, dessen Dominante sich in Takt 192 meldet.

Unabhängig davon hat sich noch etwas ereignet, was von Mozarts fast unbeschränkter Phantasie zeugt. In Takt 88 hält die erste Violine auf der Quinte der Dominante inne und versteht diese als Leitton zu Es-Dur. In dieser Tonart setzt ein kleines Intermezzo ein, das mittels eines übermäßigen Quintsextakkords (Takt 100) schnell nach G-Dur zurückkehrt. Erwartungsgemäß wiederholt sich dies in den Takten 291 ff., diesmal in As-Dur; unerwartet ist allerdings die Fortsetzung: Das gesamte Intermezzo erklingt ein drittes Mal, jetzt in Des-

Dur und im Kanon zwischen Cello und erster Violine – abermals eine hochinteressante Unterbrechung des musikalischen Geschehens, die sich wiederum mit der Des-Dur-Episode im dritten Satz des G-Dur-Quartetts vergleichen ließe.

Daß dieser letzte Satz der Reihe von einer ausführlichen Coda beschlossen wird (48 Takte), entspricht gewiß den Erwartungen. Durch das zweimalige Auftreten eines Dreitakters (Takt 391–393 und 404–406) wird der Satz zu einem würdigen Gegenstück zum ersten Allegro.

Streichquartett C-Dur, KV 465

I.	*Adagio*			Erster Teil	1–39
	Grundtonart c-Moll		a	Erstes Thema	1–12
	(nicht durch Vorzeichen			Überleitung	12–25
	angegeben)		b	Zweites Thema	
	Einleitung	1–22		und Abschluß	26–39
	Allegro	23–246		Überleitung	39–44
	Exposition	23–99		Zweiter Teil („Reprise')	45–101
a	Erstes Thema	23–44	a'	Erstes Thema	
	Überleitung	44–55		(stark verändert)	45–56
b	‚Zweites Thema'	56–71		Überleitung	56–74
c	Drittes Thema		b'	Zweites Thema,	
	(mit Auftakt vor 72)	72–79		mit Trugschluß endend	75–84
	Nachsatz und Codetta	79–99		Erweiterung des zweiten	
	Überleitung	99–106		Themas in f-Moll und	85–
	Durchführung	107–154		Abschluß in F-Dur	–101
	Reprise	155–219		Coda	101–114
a'	Erstes Thema,	155–	III.	*Menuetto*	
	nur drei Takte identisch			Hauptsatz	1–63
	mit Exposition,			Erster Teil	1–20
	anschließend			Zweiter Teil	21–63
	Überleitung	–175		Erster Abschnitt	
b'	‚Zweites Thema'			(„Durchführung')	21–39
	(neu gestaltet)	176–191		Zweiter Abschnitt	
c'	Drittes Thema	192–199		(„Reprise')	40–63
	Nachsatz	199–219		*Trio*	1–40
	Überleitung	219–226		Erster Teil	1–16
	Coda	227–246		Zweiter Teil	17–40
II.	*Andante cantabile*		IV.	*Allegro molto*	
	Zweiteilige Großform			Sonatenhauptsatz	
	(Sonatenhauptsatz			Exposition	1–131
	ohne Durchführung)		a	Erstes Thema	1–34

4. Das Quartett d-Moll, KV 421/417 b

Wie die Quartette Nr. I und VI der Reihe bilden auch die Quartette in d-Moll, KV 421/417 b, und A-Dur, KV 464, ein Paar, jedoch zum Teil auf andere Weise. Zwar sind auch in diesem Paar fünf Tonarten vertreten: D-Dur, d-Moll, F-Dur, A-Dur und E-Dur. Außerdem sind sie dadurch miteinander verbunden, daß sie beide einen Variationensatz enthalten: im d-Moll-Quartett an vierter, im A-Dur-Quartett an dritter Stelle, als ‚langsamer Satz'. Sonst scheinen sie sich eher gegenseitig zu ergänzen: Das zweite Quartett ist weitaus das kürzeste der Reihe, das fünfte, allein aufgrund der ungewöhnlichen Ausdehnung des Variationensatzes, das längste.[9]

Schon wegen der Wahl der Tonart d-Moll hat das zweite Quartett eine eher ‚dunkle' Farbe: Es ist die Tonart von bedeutenden Teilen der Opern ‚Idomeneo' und ‚Don Giovanni' sowie des ‚Requiems'. Nur im Trio des Menuetts und in der dritten Variation des Finale wird sie etwas aufgehellt. Im fünften Quartett werden die für Streichinstrumente, namentlich die Violinen, ‚hellen' Tonarten A-Dur, D-Dur und E-Dur bevorzugt; nur vorübergehend, in der vierten Variation des dritten Satzes, wird dieser Eindruck ‚getrübt'.

Das Allegro moderato des d-Moll-Quartetts ist traditionell im C-Takt notiert, ist aber in Wirklichkeit ein Achtachteltakt. Dieses ‚gemäßigte Allegro' ist eher typisch für Haydn und findet sich bei Mozart relativ selten (Beispiele: Violinkonzert KV 211, Klavierquintett KV 452).[10]

Gleich die ersten Takte sind ein Beispiel dafür, wie ein Thema seine Bedeutung erst durch die begleitenden Stimmen erhält. Konnte man im Quartett KV 387 die ersten vier Takte der ersten Violine noch separat spielen und dennoch einen melodisch interessanten Vorgang wahrnehmen, geschieht hier bis zum Ende des 2. Taktes in der ersten Violinstimme melodisch fast gar nichts, rhythmisch dafür um so mehr. Dagegen arbeitet das Cello eine Linie heraus, die zwar rhythmisch undifferenziert, melodisch dagegen bedeutend ist, obwohl sie zugleich die Basis einer Kadenzierung darstellt. Die beiden Stimmen ergänzen sich, sie können nicht voneinander getrennt werden. Die Fortsetzung in der höheren Oktave bestätigt dies, wenn auch der Baß – gemäß den in diesen Quartetten herrschenden Prinzipien – chromatisiert ist. Der Umfang des Themas von mehr als zwei Oktaven (cis' – f''') zeigt, wie weit sich die instrumentale Thematik von der vokalen entfernt hat.

Auch beim zweiten Thema (Takt 25–32) ist der Umfang ungewöhnlich groß, er reicht von e' bis f'''. Der Übergang vom Schluß der Exposition zur Durchführung vollzieht sich in einem Takt (41a) durch Umdeutung des verminderten Septakkords f – gis – h – d in f – as – h – d und durch Alterierung dieses letzten Akkords zur Dominante von Es-Dur (h – b). In dieser Tonart setzt die Durchführung ein; deren erste vier Takte gehören zu den spannendsten des ganzen Allegro: Zum einen werden die ‚melodielosen‘ Takte der ersten Violine zu einer Phrase von vier Takten erweitert, während das Cello wieder eine rhythmisch undifferenzierte, absteigende ‚Melodie‘ hören läßt. Zum andern vollzieht sich hier in vier Takten eine Modulation von Es-Dur über as-Moll und es-Moll zur Dominante von B-Dur (Takt 45), die durch enharmonische Umdeutung des es in dis zum Quartsextakkord von a-Moll führt (Takt 45–46).[11] Außerdem wird das e, fünfte Stufe von a-Moll, im letzten Achtel von Takt 45 von der ersten Violine vorweggenommen.

Nach einer relativ kurzen Durchführung setzt in Takt 70 die Reprise ein, die bis zum Takt 83 der Exposition entspricht.

Die Überleitung ist von da an (siebte Stufe von d anstelle der fünften von F) völlig neu gestaltet.

Erster Satz, Takt 14, Takt 83

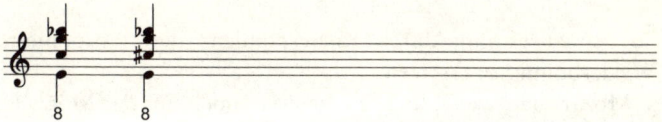

So ergeht es auch dem zweiten Thema: Ursprünglich sollte es, als Gegensatz zum etwas grüblerischen Hauptthema, in den Satz ein mildes Element einbringen, das sich vor allem in den Seufzermotiven kundtut, zuerst im zweiten Viertel des ersten Taktes (b – a), später im Wechsel mit Seufzern in der großer Sekunde (drittes Viertel des ersten Taktes, 3. und 4. Takt). In der ‚hypothetischen' Transposition sind die Rollen vertauscht: zuerst die große, dann die kleine Sekunde. In der definitiven Fassung akzentuiert Mozart die kleine Sekunde, und zwar von unten (cis – d), wodurch gleich ein Bezug zum Hauptthema hergestellt wird, der der hypothetischen Transposition gefehlt hätte.

a) Quartett KV 412/417b, Erster Satz, Zweites Thema

b) Hypothetische, notengetreue Transposition desselben Themas

c) Mozarts Mollvariante desselben Themas

So gelingt es ihm durch Korrespondenz die transponierte Wiederholung zu ersetzen.

Mozart hat, wie Takt 112 a beweist, noch mit der Möglichkeit einer Wiederholung des zweiten Teils gerechnet; doch ist es klar, daß der Anschluß von Takt 112 b an Takt 111 weit überzeugender wirkt. Und wiederum ist es das Cello, das hier melodisch Wesentliches zu sagen hat, gleichsam eine Erweiterung der Takte 1–4 (Takt 112 b–115), während sich die übrigen Instrumente auf Harmonie und Figuration beschränken.

Das Andante zeichnet sich durch drei Merkmale aus: 1. durch die einfache, bei Mozart eher seltene dreiteilige Form mit kurzer Coda.[12] Der B-Teil (Takt 27–51) ist ebenfalls dreiteilig, aber nicht ‚symmetrisch‘, denn der dritte Teil (Takt 43–51) ist eine etwas erweiterte Variante der Takte 27–34. Der Hauptteil (Takt 1–26) wird in den Takten 52–77 Note für Note wiederholt, wenn auch unter Weglassung der Wiederholung der konstituierenden Teile (Takt 1–8 und 9–26). Das Thema hat eine ungewöhnliche metrische Struktur: 3+3+2 Takte (1–8); 6 Takte; viermal 3 Takte. 2. fehlt hier, im Gegensatz zu zahlreichen langsamen Sätzen in Mozarts Werken, fast ständig die melodische Kontinuität; immer wieder werden die Phrasen von Sechzehntel- oder Achtelpausen unterbrochen. einzig und allein in den Takten 35–42, also im Mittelteil des B-Teils, kann von einer kontinuierlichen melodischen Linie gesprochen werden. Und gerade hier ist das Cello ‚unbeweglich‘: es beharrt sechs Takte lang auf dem Orgelpunkt as, dem eine zweitaktige Kadenzierung folgt. 3. fällt die ungeheure dynamische Differenzierung auf: Schon in den 26 Takten des Hauptteils finden sich nicht weniger als 20 verschiedene dynamische Bezeichnungen.

Das Menuetto hat keine Berührungspunkte mit dem Sonatenhauptsatz, schon weil der erste Teil (Takt 1–10) in der

Haupttonart schließt. Von wesentlicher Bedeutung ist der *passus duriusculus,* der in den Takten 3–8 im Cello erscheint; im zweiten Teil wird er von der ersten Violine (Takt 14–19), von der zweiten Violine (Takt 22–26) und nochmals von der ersten Violine (Takt 23–27), dabei die zweite Violine kanonisch imitierend, übernommen.

Das äußerst einfach konzipierte, melodisch ganz auf dem ‚lombardischen' Rhythmus (♫.) basierende Trio bringt einen der wenigen Lichtblicke in dieses vorwiegend düstere Werk.

Das Thema des Finale ist aufs engste mit dem Menuett verbunden; man vergleiche nur den Anfang der beiden Themen. Außerdem macht sich an mehreren Stellen der *passus duriusculus* bemerkbar, und zwar in verkürzter oder steigender oder auch umspielter Form: zweite Violine, Takt 2–4, Takt 6–7; Takt 19–20, Takt 22–23; Cello Takt 19–20. Die erste Variation ist an mehreren Stellen chromatisch durchsetzt (Takt 26–28, 31–32, 46–47). In der zweiten Variation bewirken die komplizierten dynamischen und rhythmischen Figuren in den Violinen und der Bratsche in den Takten 49–52, 57–60 und 65–68 eine ungeheure Spannung, die jeweils in den dazwischen liegenden Takten und den Schlußtakten aufgelöst wird. Gleiches geschieht in der dritten Variation, in der in den entsprechenden Takten (73–76, 81–84, 89–92) die Bratsche – Mozarts bevorzugtes Instrument! – quasi solistisch hervortritt. Die vierte Variation, in D-Dur, ist auf 16 Takte verkürzt und bringt somit nur für kurze Zeit eine Aufhellung der ‚Farbe'. Die fünfte Variation beschleunigt das Tempo und wandelt das Fanfarenmotiv der Takte 2 und 3 dergestalt ab, daß Sechzehntel-Triolen an die Stelle der einfachen Sechzehntel treten. Die Variation ist unvollständig, sie geht nach dem achten Takt (Takt 120) gleich in die Coda über, in der nun *passus duriusculus* und Fanfaren die Szene beherrschen; Hinweise auf das Thema sind nur noch spärlich bemerkbar (Takt 125–129, Wiederholung mit vertauschten Stimmen in Takt 130–133). Die krampfhafte Wendung zum Dur in Takt 139 kann kaum als eine ‚Erleichterung' nach den Drohungen der vorhergehenden Takte erfahren werden; außerdem schließt der Satz nicht eigentlich in D-Dur, sondern vielmehr auf der Dominante von g-Moll.[13] Man stelle sich einmal die befreiende Wirkung einer sofort anschließenden Aufführung des B-Dur-Quartetts vor: die gleiche Taktart, annähernd das gleiche Tempo und eine verwandte Tonart – aber mit welchem Unterschied im Charakter! War dies nicht ein zusätzlicher Grund, die Quartette in B-Dur und Es-Dur umzustellen?

Streichquartett d-Moll, KV 421/417b

I.	*Allegro (moderato)*		
	Exposition	1–40	
a	Erstes Thema	1–8	
	Überleitung	9–24	
b	Zweites Thema	25–32	
	Nachsatz	32–40	
	Überleitung zur Wiederholung	41 a	
	Überleitung zur Durchführung	41 b	
	Durchführung	42–69	
	Reprise	70–111	
a'	Erstes Thema	70–77	
	Überleitung (Schlüsselharmonie in Takt 83, drittes Viertel)	77–94	
b'	Zweites Thema (‚Entsprechung‘)	94–102	
	Nachsatz	102–111	
	Überleitung zur Wiederholung	112 a	
	Überleitung zur Coda	112 b	
	Coda	113–117	
II.	*Andante*		
	Dreiteilige Form mit Coda		
	Erster Teil	1–26	
	Erster Abschnitt, nach C-Dur modulierend	1–8	
	Zweiter Abschnitt	9–26	
	Zwischenspiel	9–14	
	‚Reprise‘ des ersten Abschnitts, nicht modulierend	15–26	
	Zweiter Teil	27–51	
	Erster Abschnitt, führt nach c-Moll	27–34	
	Zweiter Abschnitt, As-Dur	35–42	
	Dritter Abschnitt, führt zur Reprise des ersten Teils	52–77	
	Coda	77–86	
III.	*Menuetto*		
	Hauptsatz	1–39	
	Erster Teil	1–10	
	Mittelteil	11–29	
	Reprise des ersten Teils	30–39	
	Trio	1–24	
	Erster Teil	1–8	
	Zweiter Teil	9–24	
	Erster Abschnitt	9–16	
	Zweiter Abschnitt	17–24	
IV.	*Allegretto ma non troppo*		
	Tema con variazioni		
	Thema	1–24	
	Erster Teil	1–8	
	Zweiter Teil	9–24	
	Erste Variation	25–48	
	Zweite Variation	49–72	
	Dritte Variation	73–96	
	Vierte Variation, D-Dur, verkürzt	97–112	
	Più Allegro		
	Fünfte Variation, übergehend in die Coda	113–142	

5. Das Quartett A-Dur, KV 464

Daß Beethoven sich eine Partitur des vierten Satzes dieses Quartetts angefertigt hat – Kammermusikwerke wurden damals meistens nur in Stimmen veröffentlicht –, ist eine bekannte Tatsache. Auf jeden Fall wird aus diesem Faktum klar, daß das Werk Beethoven sehr beschäftigt hat. Bezeichnend ist zudem, daß sein A-Dur-Quartett, op. 18 Nr. 5, ebenso wie bei Mozart pp endet. Auch Beethoven schreibt als langsamen Satz eine Reihe von Variationen über ein Thema in D-Dur im Zweivierteltakt – die einzige im Zyklus der sechs Quartette op. 18. In der fünften Variation wird, wenn auch nicht nachdrücklich, auf das schlagwerkartige Cellomotiv in Mozarts sechster Variation hingewiesen.

Die Wirkung dieses Quartetts auf Beethoven reicht aber noch weiter, nämlich bis ins Finale des Quartetts op. 132. Das Mozartsche Quartett könnte, soweit es den ersten Satz betrifft, das „Quartett der hinausgeschobenen Kadenzierungen" genannt werden; dieses Verzögern der endgültigen Entscheidung – das ist genau das, was auch im Finale von Beethovens Quartett op. 132 in den Takten 320–404 geschieht.

Das Hinauszögern der definitiven Entscheidung ist im Grunde ein dramatisches Mittel, das eine Steigerung der Spannung bezweckt – einmal mehr ein Beweis dafür, daß Mozart, auch wenn er mit Kammermusik oder Konzert beschäftigt war, niemals seine Veranlagung als Dramatiker verleugnete.

Die Position des Menuetts führt dazu, daß in diesem Quartett zwei Sätze im Dreivierteltakt aufeinanderfolgen, desgleichen nach dem Menuett zwei Sätze in geradem Takt. Das Menuett entbehrt einer Tempo-Angabe, steht also dem ‚klassischen' Menuett wohl näher als die meisten anderen. Demgemäß muß es wesentlich weniger schnell gespielt werden als das Anfangs-Allegro.

Die Themen der vier Sätze haben eins gemeinsam: die am Anfang absteigende Linie von der Quinte zum Grundton. Im

Menuett sind dieser Linie vier Takte vorangestellt, die eine Variante der Takte 9–12 des Hauptthemas des ersten Satzes sind; außerdem sind die Takte 5–8 eine kontrapunktische Ergänzung zu den Takten 1–4, wie der weitere Verlauf zeigt. Der kunstvolle Aufbau gibt Haydn recht, der Mozart die „größte Kompositionswissenschaft" bescheinigte.

Der erste Satz folgt den Regeln des Sonatenhauptsatzes, wobei zu bemerken ist, daß schon der Überleitungsabschnitt, der nach dem sechzehntaktigen Hauptthema anfängt, Durchführungscharakter hat, was übrigens in Mozarts reiferen Werken keine Seltenheit ist. Wie das erste enthält auch das zweite Thema (Takt 37) chromatische Elemente, nun aber, ausgehend von der Quinte, in steigender Richtung. Die acht Takte (Takt 37–44), die die Grundlage dieses Themas bilden, werden ab Takt 45 variiert – so könnte jedenfalls der Hörer meinen; in Wirklichkeit handelt es sich um eine Art Durchführung, die bis Takt 69 andauert. Hier fangen die „hinausgeschobenen Kadenzierungen" an, die für dieses Werk charakteristisch sind. Die Abschlußtakte (Takt 84–87) kommen in etwas veränderter Form schon in d-Moll-Quartett vor (erster Satz, Takt 96–98).

Nach dem, was in der Exposition vor sich geht, fragt man sich, was es noch ‚durchzuführen' gibt. Tatsächlich ist diese allein auf dem ersten Thema basierende meisterhafte Durchführung eine der interessantesten, die Mozart je geschrieben hat. Sie führt in den Takten 161/162 zur Reprise, deren Anfang sich in winzigen, aber bedeutsamen dynamischen und harmonischen Einzelheiten von der Exposition unterscheidet. Die Überleitung zum zweiten Thema ist in der üblichen Weise umgewandelt; die Episode der „hinausgeschobenen Kadenzierungen" fängt in Takt 230 an; sie ist gegenüber der Exposition um 18 Takte erweitert und kommt erst in Takt 262 zum definitiven Abschluß.

Das Menuett weist insofern Verwandtschaft mit dem Sonatenhauptsatz auf, als zum einen der erste Teil zur Dominante moduliert, zum andern das gesamte Stück nur aus Durchführungen der beiden sich ergänzenden Taktgruppen 1–4 und

5–8 besteht. Die Motive dieser Takte werden den unterschiedlichsten Abwandlungen unterworfen.

Wie weit der Komponist sich vom Tanzmenuett entfernt hat, zeigt besonders Takt 33: Eine Generalpause läßt sich nicht tanzen. Barrett-Ayres kommt das Verdienst zu,[14] gezeigt zu haben, daß der Anfang des Trios eine figurierte Fassung des sogenannten Choralthemas[15] in der Durchführung des Finale ist (Takt 114–121), des Themas also, das vielen wie ein Fremdkörper vorkommt und das aufgrund dieser Verwandtschaft eben kein Fremdkörper ist.

Das Andante[16] ist zwar ein Variationensatz, aber ebensowenig wie der Schlußsatz des Quartetts KV 421/417b als solcher bezeichnet.[17] Der Satz ist vor allem interessant wegen der Beschaffenheit des Autographs. Wiederum wird man an Mozarts Brief an Nannerl erinnert, in dem er schreibt, daß er einen Satz abschrieb und gleichzeitig einen anderen „ausdachte". Mozart hat im Autograph die einzelnen Variationen numeriert und damit die Reihenfolge festgelegt, in der sie gespielt werden sollen. Im Autograph erscheinen die einzelnen Stücke in dieser Folge: Thema; Variation 1, 2, 3, 6, 5, Coda, Variation 4. Als letzte notierte Mozart die Moll-Variation, die – wie öfter bei Mozart – länger ist als das Thema und sich ziemlich weit von diesem entfernt (die Schrift ist übrigens sehr eng, als hätte der Komponist Angst gehabt, das Papier würde nicht ausreichen – und das, während die Rückseite des Blattes leergeblieben ist).

Die Variationen weichen in mehrfacher Hinsicht von der üblichen Praxis ab. Schon in der ersten und zweiten Variation kommen reichlich Figurationen in Zweiunddreißigsteln vor, wobei dies durchwegs instrumental-melodische Bedeutung hat, besonders in der ersten Variation.

Die dritte, die mit einer melodischen Permutation des Anfangsmotivs beginnt, läßt abermals, wie im Finale des Quartetts KV 421/417b, die Bratsche hervortreten. Die vierte wirkt eher wie ein Intermezzo als eine Variation im eigentlichen Sinn. Die fünfte, streng kontrapunktisch, enthält zwar ausgeschriebene Wiederholungen der beiden Thementeile, doch wird zugleich der zweite Teil von zehn auf acht Takte verkürzt.

Erstaunlich sind die sechste Variation und die sich daran anschließende Coda. Die gesamte Variation ist auf einem figurierten Orgelpunkt des Cellos aufgebaut, der entfernte Ähnlichkeit mit einem traditionellen Paukenmotiv hat. Entgegen dem Autograph lautet hier (Takt 126) die dynamische Bezeichnung im Cello mf, in den übrigen Stimmen p, nur in Takt 142 haben alle Stimmen f; in Takt 144 ist dann, im Hinblick auf die Wiederholung im Cello, wiederum mf angezeigt. Offenbar hat Mozart die ungewöhnliche Cellostimme besonders hervorheben wollen und deswegen für den Druck das p des Autographs durch mf ersetzt. Die Oberstimmen bringen das Thema in vereinfachter, fast ‚embryonaler' Form.

In Takt 144 setzt dann die Coda ein, in der das ‚Paukenmotiv' von der Viola (Takt 144–152), dann auch von der zweiten Violine (Takt 152–156) und schließlich von der ersten Violine (Takt 156–160) übernommen wird. Von diesem Höhepunkt führt die erste Violine mit einem absteigenden gebrochenen Dominantseptakkord zu einem Takt, in dem alle Instrumente die tiefste Saite benutzen (Takt 162).[18] Im nächsten Takt fängt eine zweite Coda an, die nur aus einer Wiederholung der Takte 1–4 und 13–18 des Themas besteht, gleichsam um daran zu erinnern, wovon eigentlich die Rede war. In einer dritten Coda werden die Prinzipien der fünften und der sechsten Variation miteinander verbunden; den definitiven Abschluß bringen die Takte 181–186, wiederum auf der Basis des ‚Paukenmotivs' – den Abschluß eines der ergreifendsten Sätze, die Mozart je geschrieben hat.

Was macht ein Thema eindeutig zum ‚Finale-Thema', und welche Rolle spielt hierbei die Hörtradition? Ohne diese Frage beantworten zu können, stelle ich fest, daß es Mozart niemals eingefallen wäre, ein Quartett mit einem Thema wie denjenigen der Finalsätze der Quartette KV 428/421b oder 465 anzufangen. Das Finale des A-Dur-Quartetts stellt jedoch einen der seltenen Fälle dar, bei denen man das Gefühl hat: So hätte auch ein erster Satz anfangen können, ohne daß wir genau wissen, warum. Der Satz gehört zu den spannendsten, die Mozart konzipiert hat. Das Hauptthema führt zwar von der fünften Stufe chromatisch nach unten, erreicht den Grundton aber erst in Takt 10. Das zweite Thema ist – ganz nach Haydnscher Art – eine imitatorische Variante des ersten, und zwar auf einem zehntaktigen Orgelpunkt des Cellos, der dann noch vier Takte lang von der zweiten Violine fortgesetzt wird. Auf einem Orgelpunkt beruht auch der Nachsatz (Takt 66–76), der fast den Charakter eines dritten Themas hat.

Die strikt thematische Durchführung enthält schon in den Takten 95 und 96 neue, zusätzliche Elemente, die dann weder in der Reprise noch in der Coda verschwinden, sondern im Gegenteil das kontrapunktische Spiel wesentlich bereichern; eines der beiden beschließt zusammen mit dem chromatischen Anfang des Hauptthemas pp den Satz. Wie auch in anderen Quartetten wechseln sich auch hier in der Coda die Zwei- und Viertaktgruppen mit Dreitaktern ab.

Ergänzend läßt sich noch sagen: Den Kritikern, die sich über den Anfang des Quartetts KV 465 erregten, scheinen die Querstände in *diesem* Quartett entgangen zu sein. Sie hätten sich zum Beispiel auch über Menuetto, Takt 59–62, Andante, Takt 142, Allegro, Takt 3, 14, 147 und 163 aufregen können. Auffällig sind des weiteren im letzten Satz, Takt 241–243 (erste Violine) und 244–246 (Cello) die Bögen über drei Takten. Hat Mozart hiermit vielleicht andeuten wollen, daß es sich um einen „*Ritmo* (= Metro) *di tre battute*" handelt?

Streichquartett A-Dur, KV 464

I.	*Allegro*		
	Exposition		1–87
a	Erstes Thema		1–16
	Überleitung, fängt in a-Moll kanonisch an (gleichsam wie eine Art Durchführung) und führt über C-Dur zur Dominante von E-Dur		16–36
b	Zweites Thema		37–44
	Durchführungsartige Fortspinnung dieses Themas		45–61
	Nachsatz, Trugschlüsse in Takt 69 und 73, Zitate des ersten Themas in Takt 69–79		61–83
	Abschluß, vgl. Takt 8–12		84–87
	Durchführung, hauptsächlich auf erstem Thema und Abschluß basierend		88–162
	Reprise		162–270
a'	Erstes Thema		162–177
	Fortspinnung und		

6. Das Quartett B-Dur, KV 458

Wie wir noch sehen werden, steht das Es-Dur-Quartett, KV 428/421 b, besonders in der Knappheit des ersten Satzes und in der Gestaltung des Rondos Joseph Haydn nahe. Das B-Dur-Quartett, KV 458, ist auf andere Weise ebenfalls mit Haydn verbunden. Hier handelt es sich, vor allem im Finale, um Anspielungen, die als Huldigung des jüngeren Meisters an den älteren Freund zu verstehen sind.

Obgleich in diesem Quartett ebensowenig wie in den anderen strenge kontrapunktische Formen, wie etwa eine Fuge, erscheinen, spielt der Kontrapunkt an mehreren Stellen eine bedeutende Rolle, und zwar durch die kanonische Behandlung eines Themas – wie in der Coda des ersten Satzes – oder durch Vertauschung der Stimmen – wie im ,dritten' Thema des vierten Satzes (Takt 97–113 und 291–305). Nirgends aber werden schulmeisterliche Kunstgriffe angewendet, vielmehr geht es um Intensivierungen der musikalischen Aussage oder aber um einen kaum bemerkbaren Witz.

Mozart sprach in seiner Widmung an Joseph Haydn von der *„lunga e laboriosa fatica",* die ihm die Arbeit an den sechs Quartetten bereitet hatte. Auch dieses Quartett zeugt davon. Im ersten Satz hat Mozart zuerst die Takte 246–252 in korrigierter Form am Ende des Satzes separat notiert, mit dem üblichen Zeichen ⊖ versehen; dann hat er es dem Kopisten überlassen, die Verbesserungen in den Haupttext einzutragen, und anschließend die separate Notierung durchgestrichen. Der Anfang des Menuetts (zehn Takte) und des Finale (13 Takte) haben sich in veränderter Form als Skizze erhalten.[19]

Die Tatsache, daß dieses Quartett als einziges der Serie mit einem Dreiklangsthema im Sechsachteltakt anfängt, hat dazu geführt, daß das Werk seit mehreren Jahren unter der Bezeichnung ,Jagd-Quartett' bekannt ist, obwohl es mit den *Chasse*-Kompositionen des 18. Jahrhunderts nichts zu tun hat.[20] Doch solch sinnlose und überflüssige Beinamen haben ein zähes Leben, ebensowie beim ‚Kegelstatt-Trio' (Mozart) und beim ‚Schwanengesang' (Schubert).

Der Satz weist vor allem tänzerischen Charakter auf, was auch im zweiten Thema (Takt 54–66) deutlich zum Ausdruck kommt. Die Durchführung hat kaum eine thematische Beziehung zur Exposition, es sei denn, daß man im Motiv ♩♩♩♩|♩ eine rhythmische Permutation des Motivs ♩♩♩♩ erblickt, das im zweiten Thema konstituierend wirkt. In dieser neuen Form wird es im Adagio wiederaufgegriffen, wenn auch ohne thematische Bedeutung (Takte 24 und 46). Die große Überraschung des ersten Satzes bringt die Coda, die um einen Takt länger ist als die Durchführung und in der beide Themen zu Wort kommen. Auch die Permutation des zweiten Themas stellt sich wieder ein, und zwar in den letzten Takten (Takt 274–277).

Das Menuett trägt eine Tempobezeichnung, Moderato, die es, ähnlich wie im A-Dur-Quartett, näher an das ursprüngliche Tanzmenuett heranrückt. Hermann Abert[21] hat schon darauf hingewiesen, daß die erste Periode zwar aus acht Takten besteht, doch eher aus zwei Gruppen von drei und fünf Takten aufgebaut zu sein scheint – was die Freiheit des Komponisten im Umgang mit überlieferten Schemata einmal mehr bestätigt.

KV 458, Zweiter Satz, Trio, Takt 25–29

Das Trio besteht aus einer relativ regelmäßigen Periode von zehn Takten (vier + sechs) und einer unregelmäßigen von 33

Takten. Die Unregelmäßigkeit entsteht dadurch, daß eine ursprünglich viertaktige Phrase (Takt 7–10) zu einer fünftaktigen erweitert wird (Takt 25–29); das geschieht gerade an der Stelle, wo der Höhepunkt der Komposition erreicht ist (Takt 25–26).

Der langsame Satz ist der einzige der Serie, der mit „Adagio" überschrieben ist; er gehört zu den Sätzen, zu denen man am liebsten schweigen möchte. Trotzdem sollte auf gewisse Einzelheiten hingewiesen werden: zum einen auf den melodischen Gehalt, auch der Figuren in kleinsten Notenwerten; zum andern auf die Wirkung der Übernahme des Themas der ersten Violine (Takt 15 und 37) durch das Cello (Takt 18 und 40), wobei in der Harmonisierung winzige, aber bedeutende Änderungen vorgenommen werden.

Im Finale kommen mehrere in Mozarts Schaffensweise erkennbare Strömungen zusammen. Gleich im ersten Thema dieses in einer ungewöhnlichen Sonatenform konzipierten Satzes spielt Mozart auf Haydns Quartett in B-Dur (Hob. III: 40) an; man vergleiche etwa dieses Zitat aus Haydns Werk mit den Takten 5–8 bei Mozart.

Joseph Haydn, Hob. III: 40, Erster Satz, Takt 7–9

KV 458, Vierter Satz, Takt 5–8

Bei beiden führt die kadenzartige Figur (c – f in der Ober-
stimme, es – f im Baß) nicht zum Grundton, sondern zur
Terz d.[22] Dieser Vorgang wird bei Mozart sogar zu einem
konstituierenden Element: Seine siebenmalige Wiederholung
führt erst in Takt 30 zur Dominante der Paralleltonart g-Moll.
Ebenfalls Haydnsch ist die Schlußformel in den Takten
44–46, 131–133 und 333–335, die übrigens in den Quartetten Hob. III: 37– 42 nicht vorkommt.

Eine zweite Strömung verrät wieder einmal den Dramatiker
Mozart. Im Takt 46 ist die Doppeldominante C-Dur erreicht;
hier könnte also ohne weiteres ein zweites Thema einsetzen.
Das in Takt 48 eintretende Thema klingt auch wie ein solches;
seine Verteilung auf die beiden Violinen und seine immer wieder hinausgeschobene, definitive Kadenzierung,[23] die erst in
den Takten 80–81 erreicht wird, wirkt zugleich wie eine Erweiterung der Überleitung zum ‚dritten‘ Thema, das mit dem
vierten Achtel des Taktes 81 einsetzt. Hier meldet sich der
Dramatiker Mozart nun auf andere Weise: Der Anfang des
Themas ist nämlich eine Paraphrase des Refrains aus dem
Vaudeville am Schluß des dritten Aktes jener Oper, der als
einziger der Mozartschen Theaterwerke ein dauernder Erfolg
beschieden war: der ‚Entführung aus dem Serail‘.

‚Die Entführung aus dem Serail‘, Nr. 21, Takt 10–15

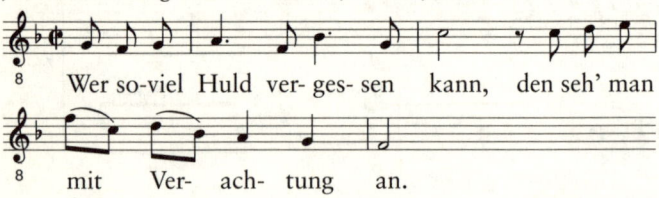

KV 458, Vierter Satz, Takt 82–89

Was Mozart inzwischen (durch Baron van Swieten) von den norddeutschen, protestantischen Komponisten gelernt hatte, ist in den Takten 97–113 zu erfahren. Die Takte 97–104 sind nämlich so konstruiert, daß in den anschließenden Takten jede Phrase von einem anderen Instrument übernommen werden kann:

Erste Violine ⟶ Cello
Zweite Violine ⟶ Bratsche
Bratsche ⟶ Erste Violine
Cello ⟶ Zweite Violine

Das Interessante dabei ist, daß diese Takte eben nicht ‚konstruiert' klingen, sondern genauso gelöst, quasi leicht hingeworfen, wie alles übrige: *Ars est celare artem*: (Kunst heißt, die Kunst zu verbergen).[24] Die Durchführung ist strikt thematisch gestaltet, anders also als im ersten Satz. Hier braucht Mozart keine ausführliche Coda: Der Nachsatz (Takt 305 ff.) und die Coda (Takt 320) werden im Vergleich zur Exposition nur geringfügig erweitert.

Von den verworfenen 13 Anfangstakten dieses Satzes war schon an anderer Stelle die Rede (S. 67); die kanonische Behandlung des Themenanfangs (Takt 5–6) hat Mozart sich dann für die Durchführung (Takt 140–141) aufgespart. Abgesehen von diesem *false start*, gibt es im Autograph des Finale keine einzige Korrektur.

Streichquartett B-Dur, KV 458

I.	*Allegro vivace assai*	
	Exposition	1–90
a	Erstes Thema	1–8
	Fortspinnung desselben	9–26
	Wiederaufnahme des Themenkopfs und Überleitung	27–54
b	Zweites Thema	54–66
	Nachsatz, eine Wendung aus den Takten 9–10 mit einbeziehend	66–90
	Durchführungsteil, größtenteils frei gestaltet, Motiv aus dem zweiten Thema permutiert	91–137
	Reprise	138–231
a'	Erstes Thema	138–145
	Fortspinnung und Überleitung	146–195
b'	Zweites Thema	195–207
	Nachsatz, mit kleiner Änderung in den Takten 212–215: jetzt ausschließlich	

	verminderte Septakkorde	207–231
	Coda, um einen Takt länger als Durchführung und ‚permutiertes' Motiv mit einbeziehend	232–279
II.	*Menuetto – Moderato*	
	Hauptsatz	1–28
	Erster Teil	1–8
	Zweiter Teil	9–28
	Erster Abschnitt	9–20
	Zweiter Abschnitt	21–28
	Trio	1–33
	Erster Teil	1–10
	Zweiter Teil	11–33
	Erster Abschnitt	11–18
	Zweiter Abschnitt	19–33
III.	*Adagio*	
	Zweiteilige Großform Sonatenhauptsatz ohne Durchführung	
	Erster Teil	1–24
a	Erstes Thema	1–5
	Überleitung	5–14

7. Das Quartett Es-Dur, KV 428/421 b

Die Zusammengehörigkeit der beiden mittleren Quartette ist augenfällig; dieser Eindruck entstand auch schon, bevor Mozart die Änderung der Reihenfolge vorgenommen hatte. Nicht nur sind die Grundtonarten verwandt (Es-Dur und B-Dur), die beiden Quartette beschränken sich in ihren acht Sätzen auf insgesamt drei Dur-Tonarten: B-, Es- und As-Dur. Zwischen den komplizierten Quartetten, die ihnen vorausgehen beziehungsweise nachfolgen, stellen sie so etwas wie eine Oase dar – wenn auch, wie noch zu sehen sein wird, diese Feststellung einer Korrektur bedarf.

Das Es-Dur-Quartett steht Haydn besonders nahe, wie vor allem am Finale zu erkennen ist, das in einer einfachen Rondoform konzipiert ist. Auch im ziemlich knappen ersten Satz, der ohne Coda auskommt und in dem die Reprise gegenüber der Exposition um einige Takte verkürzt ist, wirkt Haydns Vorbild nach. Und am Menuett-Trio, dessen Anfang die Tonart c-Moll vortäuscht und erst im 8.Takt die definitive Tonart B-Dur erreicht, wird Haydn sicher Spaß gehabt haben.

Der erste Satz ist, wie zu erwarten, streng nach den Regeln des Sonatenhauptsatzes aufgebaut, wobei zu bemerken ist,

daß die Überleitung zum zweiten Thema in der Reprise völlig
neu gestaltet wurde und daß der Komponist sich in der Wiederholung des ersten Themas in Takt 108–109 einen kleinen Witz
erlaubt: Die Takte (ein kompositorischer Nachgedanke, wie in
KV 387, erster Satz, Takt 116) enthalten eine kanonische Behandlung des von der zweiten Violine eingeführten Motivs.

Es ist vor allem das Andante con moto, das zu einer Korrektur der obigen Feststellung, das Quartett bilde, zusammen
mit dem B-Dur-Quartett, eine Art Oase, nötigt. Der Satz ist
von verschiedenartigen Formen der Chromatik geprägt und
hebt sich schon dadurch stark vom ersten Satz ab. Außerdem
ist es ein Satz, dessen Anfangs-‚Melodie‘ kaum interessant
wäre, hörte man sie isoliert und ohne die äußerst expressive
Gegenstimme des Cellos. Er ist als Sonatenhauptsatz aufgebaut, mit einer kurzen Durchführung und sehr wesentlichen
Änderungen in der Reprise (man vergleiche Takt 66–72 mit
11–14; Takt 77–78 mit 18; Takt 87–96 mit 27–35). Dem Hörer könnte der Satz gewisse Schwierigkeiten bereiten; die Korrekturen im Autograph beweisen, daß sie auch für den Komponisten bestanden haben.

Auch das Menuett kann als – embryonaler – Sonatenhauptsatz gedeutet werden: Die Modulation zur Dominante (Takt
26) weist in diese Richtung, und das in Takt 11 einsetzende
Thema könnte als zweites Thema angesehen werden. Allerdings ist von einer Durchführung kaum die Rede, dafür aber
von einer völlig neugestalteten Reprise; man beachte vor allem den Kanon in den Takten 60–64.

KV 428/421b, Dritter Satz, Takt 60–66

Das Finale diese Quartetts ist, als einziges der Serie, in Rondoform konzipiert, und zwar in einer Art des Rondos, die bei Mozart relativ selten vorkommt und schematisch wie folgt dargestellt werden kann: a – b – a' – b' – a" – Coda. Das Couplet erscheint das erste Mal (b) in B, das zweite Mal (b') in der Haupttonart. Außerdem ist die zweite Wiederholung des Refrains unvollständig und mit der Coda verquickt.

Was den Satz besonders spannend macht, sind die ausführlichen Überleitungen jeweils von Refrain zu Couplet sowie die Nachsätze der letzteren (s. Takt 35 beziehungsweise 174, sowie Takt 90 beziehungsweise 237). Das Finale stellt den Hörer wohl kaum vor Probleme; der Komponist hat deren allerdings einige gehabt, teilweise kompositorischer Art, teilweise die Notierung betreffend. Im zweiten Thema (Couplet, Takt 60–90) wird in der Wiederholung (Takt 76 ff.) dem von den beiden Violinen in Oktaven gespielten Thema eine Gegenstimme hinzugefügt, die zuerst von der Bratsche, dann vom Cello übernommen wird. An der Parallelstelle (Takt 223) tritt eine völlig neue Situation ein: Das Thema wird nun von der zweiten Violine und von der Bratsche – und zwar nicht in Oktaven! – vorgetragen, die Gegenstimme zuerst von der ersten Violine (Takt 223–230), dann von der Bratsche (Takt 231–237). Die Führung der Gegenstimme hat den Komponisten offensichtlich viel Mühe gekostet.

Ein Notierungsproblem findet sich in den Takten 104–109 sowie an der Parallelstelle 251–256. Separate, durch Pausen getrennte Viertel wurden normalerweise staccato gespielt was Mozart in diesem Falle offenbar nicht wollte. Das heutige Zeichen (–) über der Note war damals noch nicht gebräuchlich. Die vertikalen Striche bedeuten in diesem Falle offensichtlich einen Akzent, kein Staccato; vermutlich hat Mozart mit dem Bogen über dem Akzent eine Art Milderung bezwekken wollen und dann festgestellt, daß die Kombination der beiden Zeichen leicht als Fermate gedeutet werden könnte. Der Zusatz „ten." *(tenuto)* sollte diese Mißdeutung beheben; er hätte, nach heutigen Begriffen, zur Verständlichung genügt.

Streichquartett Es-Dur, KV 428/421 b

„Auch diese beede Quartetten sind mit dem Feuer der Einbildungskraft und Korrektheit geschrieben, wodurch sich Hr. M. schon längst den Ruhm eines der besten Tonsetzer in Deutschland erworben hat. Das erste bestehet aus vier, das lezte aber nur aus drei Säzen, und selbst der Menuet in jenem ist mit einem Fleiß gesezt, und mit kanonischen Nachahmungen durchwebt, die man in vielen andern solchen Kompositionen, selbst von berühmten Meistern öfters vermißt."

Musikalische Korrespondenz der teutschen
Filarmonischen Gesellschaft, Speyer,
30. November 1791[1]

VII. Das Quartett D-Dur, KV 499

„den 19ten" (August 1786) „Ein Quartett für 2 Violin, Viola und Violoncello". So die Eintragung Mozarts in sein eigenes Werkverzeichnis. Das Quartett erschien noch im selben Jahr bei F. A. Hoffmeister in Wien. Es wird durchwegs ‚Hoffmeister-Quartett' genannt, ein Titel, mit dem es vom späteren Quartett in derselben Tonart (KV 575) unterschieden wird.

Das Werk zeichnet sich durch alle Errungenschaften der großen Quartette der Jahre 1782 bis 1785 aus. Man könnte sich fragen, ob der Komponist womöglich eine neue Serie geplant hat, deren Fortsetzung dann zugunsten anderer Werke (etwa des Trios KV 502 und der Quintette KV 515 und 516) unterblieben ist. Das Vorhandensein eines 170 Takte umfassenden Fragments in A-Dur (KV 464a) könnte ein Indiz in diese Richtung sein. Allerdings ist die Hypothese, dieses Fragment sei ein verworfener Entwurf zum Finale von KV 464, ebensowenig von der Hand zu weisen.

Wie dem auch sei: Das Quartett ist ein Einzelwerk geblieben, wie vorher Haydns d-Moll-Quartett Hob. III: 43 und später Beethovens Quartette op. 74 und 95.

In zweierlei Hinsicht stellt es ein Bindeglied zwischen den ‚Haydn-Quartetten' und einigen späteren Kammermusikwerken Mozarts dar; dabei sind nicht so sehr die ‚Preußischen

Quartette' gemeint, die ja von anderen Voraussetzungen ausgehen (s. S. 84), sondern vielmehr die Quintette KV 515 und
516 sowie das Divertimento KV 563. Maßgebend sind zum
einen die Beschränkung des thematischen Materials, zum andern die deutlichen motivischen Beziehungen zwischen den
einzelnen Sätzen. Ein weiteres Merkmal des Werks ist die Be-
vorzugung von langen Orgelpunkten, vergleichbar mit dem
wenig später entstandenen Klavierkonzert KV 503.

Gleich der erste Satz ist ein Musterbeispiel für den ökonomischen Umgang mit dem thematischen Material, bis an die
Grenzen der Monotonie. In der Exposition wird das Hauptthema immer wieder von anderen Seiten beleuchtet, was zur
Folge hat, daß die Exposition sich kaum von einer Durchführung unterscheidet und daß ein ‚zweites Thema' kaum aus-
zumalen ist. Überraschenderweise ist es das Schlußmotiv der
Exposition (Takt 97 und 98), das der Durchführung wesentlichen Impuls verleiht – ohne daß dabei die Motive aus der
Exposition zu kurz kommen – und das auch der Coda ihr
spezifisches Gepräge gibt. Wie im ersten Satz von KV 464
bewirken die Trugschlüsse (Takt 57 und 65) das Hinausschie-
ben des definitiven Abschlusses (Takt 73) und erhöhen dementsprechend die Spannung. Stärker noch als beim Einsatz
dieses dramatischen Mittels im Quartett KV 464 wird man in
diesem Satz an das Theater erinnert, sind doch die Takte 9–12
eine Transposition des kurzen vierstimmigen Rezitativs aus
‚Le nozze di Figaro', Dritter Akt, Szene 6.

Das Menuett steht, wie in drei der ‚Haydn-Quartette' (KV
387, 458 und 464), an zweiter Stelle. Bei aller Kürze – das
Menuett zählt 28, das Trio 24 Takte – ist es von großer Spannung erfüllt. Das bewirkt schon im 2. Takt der Einsatz der
Bratsche, die sich regelrecht zum Störenfried entwickelt. Mit
gesteigerter Intensität wiederholt sich das in der variierten
Bratschenstimme in den Takten 22–25 (auf solche Stellen bezieht sich wohl die oben zitierte Rezension).

Sowohl das Menuett als auch das Trio – in d-Moll, dadurch
stark abgehoben von den übrigen Sätzen – sind motivisch eng
mit dem Finale verknüpft.

KV 499, Zweiter Satz, Takt 8–10

KV 499, Vierter Satz, Takt 1–3

Die Art, wie Mozart durch vier Verbindungstakte vom Trio in der Wiederholung des Menuetts überleitet, beweist, daß hier auf jeden Fall von einem Tempounterschied zwischen Menuett und Trio keine Rede sein kann; das sollte für Ausführende ein guter Grund dafür sein, darüber nachzudenken, wie es in anderen Fällen um die Relation Menuett – Trio steht.

KV 499, Trio, Satz, Takt 1–2

Auch das Adagio weist mit seinem zweiten Thema eine ähnliche Beziehung zum Finale auf wie Menuett und Trio. Mit dem ersten Satz ist es durch den Themenanfang mit einer fallenden Terz verbunden – der hier allerdings abtaktig verläuft statt wie im ersten Satz auftaktig. Es ist einer jener Sätze, in denen auch die kleinsten Notenwerte melodische Funktion haben und keineswegs bloß ‚Figuration‘ sind.

KV 499, Dritter Satz, Takt 20–21

Der Satz enthält einige erstaunliche Beispiele für eine sehr freizügige Stimmführung, die mehrere Werke Mozarts aus dieser Zeit kennzeichnet. Es sei besonders auf die Stelle verwiesen, wo das Hauptthema in der Reprise in C-Dur intoniert wird (Takt 64–68), und insbesondere auf Takt 66, der zwar strukturell Takt 13 entspricht, jedoch durch die veränderte Lage der Stimmen einen ganz anderen Charakter bekommt.

KV 499, Dritter Satz, Takt 66–67

In Takt 94 führt Mozart den Hörer durch den Einsatz des gis' (zweite Violine) in die Irre: Die dortige Harmonie d – f – gis' sollte eigentlich zu a-Moll überleiten – der Komponist macht aber den kleinen Exkurs schon im nächsten Takt – wo wieder das g' eintritt – rückgängig.

Das Finale zeigt einen ähnlichen Stand der Dinge wie der erste Satz, nur ist es hier nicht die Exposition, sondern die Reprise, die Durchführungscharakter erhält. Ab Takt 226 setzt nämlich eine völlig neue Modulation ein, die ziemlich entlegene Gefilde erreicht; erst in Takt 275 gelangt der Hörer wieder auf sicheren, vertrauten Boden.

Zeigte schon das Adagio Mozarts Vermögen, äußerst gewagte Stimmführungen anzuwenden, so hält auch das Finale mit Kühnheiten nicht zurück. Man achte nur auf die Takte 315–329, und darin besonders auf Takt 323! Diese Takte entsprechen den Takten 137–145 der Exposition, die sie aber wesentlich erweitern. Die Figur der beiden Violinen in den Takten 317–318 wird dreimal wiederholt, jedesmal aber mit neuen Stimmen der Bratsche und des Violoncellos, die den harmonischen Kontext jedesmal neu interpretieren und in Takt 323 zum Gipfelpunkt der harmonischen Komplexität führen.

Wie der erste Satz wird auch das Finale durch eine ausführliche Coda abgeschlossen, die – wie bei Mozart üblich – nicht mehr moduliert,[2] sondern nur Streiflichter auf schon bekannte musikalische Gedanken wirft.

Übrigens stellt das Quartett nicht nur an die Spieler, sondern auch an die Hörer hohe Anforderungen. Deshalb empfiehlt es sich, im ersten und vierten Satz beide Wiederholungen zu spielen.

Des weiteren sollte berücksichtigt werden, daß Mozart im Adagio nicht nur die Doppelschläge, sondern auch die einfach und doppelt punktierten Rhythmen genau notiert hat, also keine Angleichung an die barocke Tradition erfolgen sollte.

Streichquartett D-Dur, KV 499

I.	*Allegretto*			Überleitung	241–242
	Exposition	1–98		Coda	241 a–266
a	Erstes Thema	1–12	II.	*Menuetto – Allegretto*	
	Überleitung	13–57		Hauptsatz	1–28
	Scheinbares zweites		a	Erster Teil	1–8
	Thema	57–65	b	Zweiter Teil	9–28
	Scheinbares			Erster Abschnitt	9–20
	drittes Thema	65–73		Zweiter Abschnitt,	
b	Zweites Thema	73–83		Variante von a	21–28
	Nachsatz	83–98		*Trio*	1–24
	Überleitung	99–100		Erster Teil	1–8
	Durchführung	101–142		Zweiter Teil	9–24
	Reprise	142–240		Überleitung	24–27
a'	Erstes Thema	142–153	III.	*Adagio*	
	Überleitung	154–199		Sonatenhauptsatz	
	Scheinbares			Exposition	1–39
	zweites Thema	199–207	a	Erstes Thema	1–10
	Scheinbares			Überleitung	10–19
	drittes Thema	207–215	b	Zweites Thema	20–33
b'	Zweites Thema	215–225		Nachsatz	34–39
	Nachsatz	225–240		Durchführung	39–53

> „Nun bin ich gezwungen meine Quartetten (diese
> mühsame Arbeit) um ein Spottgeld herzugeben,
> nur um in meinen Umständen Geld in die Hände
> zu bekommen."
>
> *Brief Mozarts an Michael Puchberg,*
> *um den 12. Juni 1790)*

VII. Die ‚Preußischen Quartette'

Von der Reise, die Mozart am 8. April 1789 antrat, wissen
wir nicht viel mehr, als daß sie über Dresden und Leipzig nach
Potsdam und Berlin führte und daß Mozart sie in Gesellschaft
des Fürsten Karl von Lichnowsky unternahm. Der Anlaß zu
dieser Reise ist nicht bekannt, ebensowenig, ob die Initiative
von Mozart oder vom Fürsten ausgegangen ist.

Das musikalische Resultat dieser Reise besteht – abgesehen
von zwei kleineren, noch während der Fahrt geschriebenen
Klavierwerken (Variationen KV 573 und eine kleine Gigue
KV 574) – aus dem vom preußischen König Friedrich Wilhelm II. erteilten Auftrag zur Komposition von sechs Streichquartetten und sechs Klaviersonaten.

Daß die menschlichen oder künstlerischen Qualitäten (oder
beide) der Auftraggeber Mozart zu besonderen Leistungen an-
geregt haben, ist kaum zu bezweifeln und läßt sich mit mehreren Beispielen belegen. Wir wissen wenig von der Pianistin,
die heute meistens als „Mlle. Jeunehomme" bezeichnet wird;[1]
aber ihre Begabung war offenbar solcherart, daß Mozart mit
dem ihr gewidmeten Konzert Es-Dur, KV 271, ein Werk ge-
schaffen hat, das an musikalischer Bedeutung nicht nur seine
bisherigen Konzerte weit übertrifft, sondern auch Anforderungen an den Interpreten stellt, die über die der früheren Konzerte hinausgehen. Auch Aloysia Weber (Sopran), Friedrich
Ramm (Oboe), Joseph Lang (Horn), Barbara Ployer (Klavier)
und Anton Stadler (Klarinette) haben ihn zu besonderen
schöpferischen Leistungen veranlaßt. Ob er schon im Jahre
1782 den Plan hatte, seine neuen Quartette – deren erstes am

31. Dezember 1782 vollendet wurde – dem älteren Kollegen Joseph Haydn zu widmen, wissen wir nicht; sicher ist, daß das Vorbild des hochgeschätzten Freundes einen entscheidenden Einfluß auf die Konzeption der sechs Werke gehabt hat – einen Einfluß, der noch im Quartett KV 499 nachwirkt, auch wenn es ohne klare Bestimmung geschrieben wurde.

Es ist die Frage, ob vom Cello spielenden König Friedrich Wilhelm von Preußen eine ähnlich anregende Wirkung ausgehen konnte. Die nirgends offiziell belegte, aber auf der Hand liegende Verpflichtung, dem Cello eine führende Rolle zuzuweisen, widersprach dem Prinzip der Quartettkomposition, wie Mozart es in den sieben vorhergehenden Werken selbst mitgestaltet hatte. Nicht übrigens primär im technischen Sinn, denn Mozart hatte mit dem Divertimento KV 563 für Streichtrio bewiesen, daß er sehr wohl imstande war, die Partien von Violine, Viola und Cello abwechselnd ‚führend‘ zu gestalten. Aber ein Divertimento für drei Streichinstrumente ist nun einmal etwas anderes als ein Streichquartett, und beim Studium der drei überlieferten ‚Preußischen Quartette‘ kann man sich des Eindrucks nicht erwehren, daß der Komponist bei der Gestaltung dieser Werke durch die königlichen Bedingungen doch einigermaßen gehemmt war und hin und wieder versuchte, dies durch Kunstfertigkeit zu kompensieren. Letzteres ist ihm dann in den drei Finalsätzen aufs glänzendste geglückt. Im übrigen sind es vielmehr die Streichquintette in D-Dur, KV 593, und Es-Dur, KV 614, in denen Mozart die Errungenschaften der Streichquartette der Jahre 1782–1786 weiterverarbeitet hat.

Die vermutlichen Forderungen des königlichen Auftraggebers führten dazu, daß Mozart auf den Typus des *quatuor concertant* zurückgreifen mußte, der ihm inzwischen fremd geworden war. Er hat versucht, das Problem dadurch zu lösen, daß er die ‚solistische‘ Rolle nicht allein dem Cello zuwies, sondern auch den anderen Instrumenten, im Wechsel mit dem Cello, übertrug.

Dieses Kompositionsprinzip wirkte sich auch auf die Art der Notierung aus. In den früheren Quartetten zeigt das

Schriftbild deutlich, daß die Partitur als Ganzes konzipiert war; das ist sogar in Skizzen und verworfenen Ansätzen erkennbar. In den ‚Preußischen Quartetten' zeigen Unterschiede der Schrift, daß Mozart zu dem – in Werken anderer Art oft verwendeten – System seine Zuflucht nahm, zunächst die (melodische) Hauptstimme und den Baß und erst in einem zweiten Arbeitsgang die Mittelstimmen zu notieren. Diesem Notierungssystem folgte er auch in den übrigens spärlichen Skizzen.

So interessant dieser Sachverhalt auch sein mag – viel wichtiger ist, zu erkennen, auf welche Art Mozart versucht hat, den Anforderungen des königlichen Cellisten gerecht zu werden.

1. Das Quartett D-Dur, KV 575

Mozart kehrte am 4. Juni 1789 von seiner Reise nach Preußen heim; das D-Dur-Quartett ist auf den „Juni 1789" datiert und wurde demnach wohl unter den noch frischen Eindrücken seines Aufenthalts in Berlin und Potsdam komponiert. Wenn auch die Schreibweise für die vier Instrumente deutlich anders ist als bei den früheren Quartetten, ist eins doch unverändert geblieben: nämlich die von Joseph Haydn geprägte Kunst der motivischen Verknüpfungen. Typisch dafür sind die letzten Takte der Durchführung des ersten Satzes: Die Takte 105–113 greifen auf den Nachsatz der Exposition zurück (Takt 64–70). Jetzt werden aber das in Verkürzung gespielte Zitat des Hauptthemas (zweite Violine, Takt 105–107) und das absteigende Skalenmotiv der ersten Geige kombiniert mit dem Motiv aus den Takten 18–20 (Bratsche, Takt 105–107).

Die Art, wie das zweite Thema (Takt 32) in der Reprise eingeführt wird, erinnert an ein in Frühwerken öfter vorkommendes Verfahren: Die Überleitung schließt in Takt 32 auf der Dominante, und diese wird gleich als neue Tonika interpretiert; in der Reprise werden die ersten 32 Takte wörtlich wiederholt; nun aber behält der Abschluß (Takt 148) seine Dominantfunktion, so daß das zweite Thema in der Tonika einsetzen kann. Die vier Abschnitte des zweiten Themas sind gleichmäßig auf die vier Instrumente verteilt; in der Exposition kommen nacheinander Cello, zweite Geige, Bratsche und erste Geige zum Zug, in der Reprise zweite Geige, Bratsche, Cello und erste Geige.

In den letzten Takten des Satzes findet sich im Autograph eine charakteristische Änderung, offenbar eine Entscheidung in letzter Minute: Die zweite Violine war in Takt 190 ursprünglich dergestalt geführt, daß eine Reihe von Sechsviertel-Akkorden entstand. Die synkopische Wendung der endgültigen Fassung ergab eine Reihe von Sextakkorden.

KV 575, Erster Satz, Takt 190–191, ursprüngliche Notierung

KV 575, Erster Satz, Takt 190–191, Mozarts Korrektur

Das Wissen um die Quarte als Dissonanz war offenbar immer noch lebendig.

Der zweite Satz bringt, ebensowie der erste, schlagende Beispiele dafür, wie Mozart sich bemühte, durch ‚gerechte' Verteilung der solistischen Phrasen auf die vier Instrumente sowohl den fürstlichen Wünschen entgegenzukommen, als auch einen sauberen Quartettstil zu verwirklichen. Im Mittelteil sind in den Takten 19–27 die Abschnitte der Hauptmelodie wieder gleichmäßig verteilt: auf erste Violine, Cello, zweite Violine und Bratsche. Das Andante gehört zu den bei Mozart relativ seltenen Stücken in dreiteiliger (Lied-)Form. Außerdem ist die Wiederholung des Hauptteils (Takt 43–61) völlig neu gestaltet.

Das Menuett steht satztechnisch den Menuetten aus den Jahren 1782 bis 1786 nahe; im Trio jedoch drängt sich das Cello umso mehr in den Vordergrund.

Das Finale gehört aus mehreren Gründen zu Mozarts Meisterleistungen auf dem Gebiet des Streichquartetts. Es ist ein Rondo, das stark mit Elementen des Sonatenhauptsatzes durchsetzt ist. Das erste Thema (Refrain) ist eindeutig vom Hauptthema des ersten Satzes, das erste Couplet wiederum von diesem neuen Thema abgeleitet. Anstelle eines zweiten Couplets setzt in Takt 105 eine Durchführung ein, die eine beinah revolutionäre Harmoniefolge enthält. Reduziert man nämlich die Takte 110–118 auf ihre jeweilige harmonische Substanz, so stellt sich heraus, daß hier eine Folge von vier Dominantharmonien vorliegt: F V (Takt 110–112), g V (Takt 113–114), a V (Takt 115–116), h V (Takt 117–118) – erst der letzten folgt in Takt 119 eine Tonika, nämlich h-Moll.[2]

Die Frage, ob Mozart bei der Komposition der ‚Preußischen Quartette' auf ältere Entwürfe zurückgegriffen hat, ist schwer zu beantworten, da es Äußerungen Mozarts hierzu nicht gibt. Einstein hat schon in der dritten Auflage des Köchel-Verzeichnisses (Leizig 1937) die These verteidigt, Mozart habe Material aus der ‚Mailänder' Zeit – also etwa 16 bis 17 Jahre früher! – benutzt; so auch in ‚Mozart, sein Charakter, sein Werk'.[3] Alan Tyson kommt in seiner Studie ‚Mozart, Studies of the Autograph Scores'[4] zu dem Ergebnis, daß das gesamte D-Dur-Quartett auf zehnzeiligem, aus Nordböhmen stammenden Papier geschrieben ist, was allerdings eine Benutzung älterer Entwürfe nicht ausschließt. So ungewöhnlich ein solches Verfahren erscheinen mag – ganz von der Hand zu weisen ist es nicht. In seinem Brief vom 21. Juli 1784 an die Schwester schreibt Mozart: „wenn er (der Vater) mir auch das alte Oratorium betulia liberata schicken könnte, wäre es mir recht lieb. – ich muß dieses oratorium für die hiesige Societät schreiben – vielleicht könnte ich doch hie und da etwas davon Stückweise brauchen." Das Oratorium ‚*Betulia liberata*' wurde bereits 1771 komponiert.

Streichquartett D-Dur, KV 575

I.	Allegretto	
	Exposition	1–72
a	Erstes Thema	1–
	anschließend Überleitung	–32
b	Zweites Thema	33–49
	Nachsatz	49–64
	Codetta	64–72
	Überleitung	72–77
	Durchführung, größtenteils thematisch-motivisch	78–116
	aber mit neuem Element in	86–94
	Reprise	117–193
a'	Erstes Thema und Überleitung, identisch mit Exposition	117–148
b'	Zweites Thema	149–165
	Nachsatz	165–180
	Coda	180–193
II.	Andante	
	Dreiteilige Form	
	Erster Teil	1–19
	Erster Abschnitt	1–8
	Variation und Erweiterung desselben	9–19
	Überleitung	19–33
	Zweiter Teil	34–43
	Variierte Wiederholung des ersten Teils	43–61
	Coda	61–73
III.	Menuetto – Allegretto	
	Hauptsatz	1–74
	Erster Teil	1–30
	Zweiter Teil	41–74
	Trio	1–40
	Erster Teil	1–12
	Zweiter Teil	13–40
IV.	Allegretto	
	Rondo, durchsetzt mit Elementen des Sonatenhauptsatzes	
a	Refrain	1–19
	Überleitung	19–31
b	Erstes Couplet, mit Refrain verwandt, teilweise schon Durchführung des Refrains	32–58
	Nachsatz	59–66
	Überleitung	67–72
a'	Refrain variiert	72–90
	Überleitung	90–104
c	Durchführung statt eines zweiten Couplets	105–127
	Wiederholung des Refrains fällt aus	
b'	Wiederholung des Couplets in der Tonika	128–155
	Nachsatz	155–163
	Überleitung und zweite Durchführung	164–182
a''	Letzte, variierte Wiederholung des Refrains	182–200
	Coda	200–230

2. Das Quartett B-Dur, KV 589

Hatte sich Mozart im Quartett KV 575 noch in allen Sätzen der Fähigkeiten des preußischen Monarchen erinnert, nahm er in den Quartetten KV 589 und 590 immer weniger Rücksicht auf die königlichen Wünsche, sei es, daß er sie einfach vergessen hatte, sei es, daß ihm bewußt geworden war, daß die solistische Führung des Cellos und die dadurch bedingte Funktion der Bratsche als Baßinstrument hin und wieder zu unbefriedigenden Resultaten führten. Gerade dieses Quartett enthält ein klares Beispiel für eine solch problematische Stimmführung.

Entsprechend dem im Vergleich zu den Quartetten der Jahre 1782 bis 1786 etwas leichteren Stil wird im ersten Satz auf eine Coda verzichtet, doch besitzt er eine ziemlich ausführliche, strikt thematische beziehungsweise motivische Durchführung. Außerdem unterscheidet er sich von den früheren Quartetten durch Kühnheiten in der Stimmführung, wie etwa gleich im siebten Takt: Der ‚figurierte‘ Orgelpunkt, der vom Cello zur Bratsche und dann zur ersten Violine wandert, kollidiert hier mit dem Einsatz des Anfangsmotivs in der Cellopartie. An einer anderen Stelle aber hat sogar Mozart das durch die königlichen Ansprüche verursachte Problem nicht ganz zu meistern vermocht. Nachdem das Cello schon in den Takten 29–39 solistisch hervorgetreten war, übernimmt es beim Einsatz des zweiten Themas (Takt 45) die Führung, jedoch in einer Lage, die in den Takten 52–53 zu einer Überkreuzung der Cellopartie mit dem ‚Baß‘ der Bratsche führt.

KV 589, Erster Satz, Takt 50–53

Da in der zweiten Phrase dieses Themas die erste Violine den Ton angibt, bleibt das Stimmführungsproblem auf die erste Phrase beschränkt; und da in der Reprise die beiden Teile des Themas der ersten Violine und der Bratsche zugewiesen sind, entfällt hier das Problem ebenfalls.[5]

Das Larghetto ist ein *alla-breve*-Satz, der nicht zu langsam gespielt werden soll: Darauf weisen die Bögen über 15 bis 17 Sechzehnteln hin. Das königliche Cello introduziert das erste Thema, das dann von der ersten Violine übernommen wird; beim zweiten Thema (Takt 28) sind die Rollen vertauscht.

Die große zweiteilige Form mit zwei Themen gemahnt – wie schon öfter beobachtet – an die Form des Sonatenhauptsatzes; ein Durchführungsteil fehlt jedoch. Die Überleitung zum zweiten Thema ist in der Reprise völlig neu gestaltet und erweitert worden; außerdem wird der Satz mit einer neuntaktigen Coda abgeschlossen.

Wie im Quartett KV 458, das in derselben Tonart steht, ist das Menuetto mit „Moderato" bezeichnet, steht also dem klassischen Tanzmenuett wohl etwas näher als die sonstigen Menuette in Mozarts Kammermusikwerken. Sowohl das Menuett wie auch das Trio warten mit harmonischen Überraschungen auf. Im Menuett ist es der variierte Wiedereintritt des Anfangs in den Takten 20–21, in denen drei Septakkorde in verschiedenen Lagen ($^6_5$ und $^4_3$) aufeinander folgen.

KV 589, Dritter Satz, Takt 20–22 (Harmonien)

Im Trio, das – höchst ungewöhnlich bei Mozart! – fast zweimal so lang ist wie das Menuett (66 Takte gegenüber 37 Takten im Menuett), hat sich das ‚solistische' Element völlig verlagert. Es ist, als ob der erste Violinist, der Führung des Cellos überdrüssig geworden, nachdrücklich zeigen will: Ich bin auch noch da! Überraschend ist vor allem Takt 31, ein Pausentakt mit Fermate. Da der letzte Akkord in Takt 30 as – c – ges lautet, sollte hier nach den Regeln der Harmonielehre eine Tonika von Des folgen. Es erklingt aber in Takt 32 ein G-Dur-Dreiklang; das heißt, daß das Ges während der Pause enharmonisch zu fis umgedeutet wurde.[6] Und dieser G-Dur-Dreiklang erweist sich gleich als Dominante von c-Moll, wodurch sich die Rückleitung nach Es-Dur in wenigen Takten vollziehen kann.

Das Finale fängt mit einer kleinen Huldigung an Joseph Haydn an: Das erste Thema ist ein rhythmisches Zitat aus dem Finale des Es-Dur-Quartetts Hob. III: 38 – eines Werks, das – diesmal nicht ganz zu Unrecht – den Beinamen „der Scherz" erhalten hat. Auch in seiner unorthodoxen Mischung von Elementen des Sonatensatzes und des Rondos gemahnt das Finale an Haydn, desgleichen in der Abwandlung des Charakters des Anfangsthemas durch Veränderung der Artikulation in den Takten 70–73.

In den Takten 89–92 ereignet sich etwas, das dem obenerwähnten harmonischen Phänomen (im Trio des Menuetts) vergleichbar ist. In Takt 89 ist die Harmonie fis – a – c – es erreicht, die unzweideutig die siebte Stufe in g-Moll darstellt. Durch Alternierung des fis zu f in Takt 91 erklingt, ebenso unzweideutig, die Dominante von B. Es könnte also mühelos im nächsten Takt das Hauptthema einsetzen. Statt dessen wird während der aus sieben Achteln bestehenden Pause das es enharmonisch zu dis umgedeutet; anschließend folgt kein B-Dur, sondern ein wohl sehr weit entferntes a-Moll.[7] Erst sieben Takte später kommt, nach einer sequenzierenden Rückführung, die Reprise – ein Meisterstück der freizügigen Behandlung der harmonischen Beziehungen sowie auch der formalen Gestaltung.

Wenn auch, wie oben gesagt, der Satz sowohl Elemente des Sonatenhauptsatzes als auch des Rondos aufweist, ist doch die Deutung als dreiteilige Form vorzuziehen, da die Takte 100–127 eine notengetreue Wiederholung der Takte 1–28 darstellen und der Mittelteil (mit durchführungsarigen Elementen) ungewöhnlich lang ist.

Streichquartett B-Dur, KV 589

I. *Allegro*
Exposition — 1–71
a Erstes Thema — 1–12
Überleitung, darin Ankündigung des Anfangsmotivs des zweiten Themas — 12–45
b Zweites Thema — 46–61
Nachsatz — 61–71
Durchführung — 72–130
Reprise — 131–208
a' Erstes Thema — 131–142
Erweiterte Überleitung — 142–179
b' Zweites Thema — 180–198
Nachsatz — 198–208

II. *Larghetto*
Zweiteilige Großform (Sonatensatz ohne Durchführung)
Erster Teil — 1–38
a Erstes Thema — 1–18
Überleitung — 18–28
b Zweites Thema — 28–36
Überleitung — 36–40
Zweiter Teil (‚Reprise') — 40–89
a' Erstes Thema — 40–57
Neugestaltete Überleitung — 57–71

b' Zweites Thema — 71–78
Nachsatz und Coda — 78–89

III. *Menuetto – Moderato*
Hauptsatz — 1–37
Erster Teil — 1–8
Zweiter Teil — 9–37
Erster Abschnitt, mit Ankündigung des Trios — 9–18
Zweiter Abschnitt — 19–37
Trio — 1–66
Erster Teil — 1–22
Zweiter Teil — 23–66
Erster Abschnitt — 23–40
Zweiter Abschnitt — 40–66

IV. *Allegro assai*
Dreiteilige Form
Erster Teil — 1–28
Erster Abschnitt (mit Wiederholung) — 1–8
Zweiter Abschnitt (ebenfalls mit Wiederholung) — 9–28
Mittelteil, durchführungsartig — 29–99
Reprise des ersten Teils, ohne Wiederholungen — 100–127
Coda — 128–155

3. Das Quartett F-Dur, KV 590

Ebenso wie die Quartette KV 575 und 589 weist Mozarts letztes Streichquartett im Autograph nur sehr wenige, dazu oft unbedeutende Korrekturen auf, zum Beispiel Vertauschung von Stimmen. Im Finale findet sich dagegen eine sehr bedeutende Änderung: Ein ursprünglich über mehrere Takte gezogener Bogen wurde nämlich dahingehend abgewandelt, daß über je vier Sechzehntel ein Bogen und zwei Staccato-Striche gesetzt wurden – eine charakteristische Verfeinerung der Artikulation.

KV 590, Vierter Satz, Takt 121–125, ursprüngliche Notierung

KV 590, Vierter Satz, Takt 121–125, Änderung Mozarts

Dieses Finale ist hin und wieder als ‚*Perpetuum mobile*‘ bezeichnet worden, was insofern nicht zutrifft, als die Sechzehntel-Bewegung an elf Stellen durch eine Pause mit Fermate unterbrochen wird. Doch es ist nicht zu leugnen, daß der Satz eine gewisse Verwandtschaft mit der kurz vorher entstandenen Ouvertüre zur Oper ‚*Cosi fan tutte*‘ aufweist.

Warum Mozart die geplante Reihe der Streichquartette nicht fortgeführt hat, läßt sich nicht feststellen. Doch scheint ziemlich sicher, daß dieses Quartett mit seinen vier *piano* endenden Sätzen nicht den Abschluß der Serie hätte bilden sollen. Auch die Serien der ‚Mailänder‘ und der ‚Haydn-Quartette‘ schließen *forte*. Ebenfalls ist klar, daß Mozart wieder eine ‚logische‘ Folge der Tonarten vorgesehen hat: Zwischen den Quartetten KV 575 und 589 besteht eine Terzverwandtschaft, zwischen KV 589 und 590 ein Tonika-Dominante-Verhältnis.

Nachdem Mozart in den Finalsätzen der Quartette KV 575 und 589 mit der Rondoform experimentiert und in den langsamen Sätzen die dreiteilige Form (KV 575) und die zweiteilige Großform (KV 589) gewählt hatte, kehrte er in drei Sätzen von KV 590 zum Prinzip des Sonatenhauptsatzes zurück, und zwar jedesmal mit einer strikt thematischen Durchführung und in zwei Fällen mit einer kurzen Coda.

Das Hauptthema des Allegro moderato (diesmal kein Achtachteltakt, wie in KV 421/417b, sondern ein gemäßigtes

Allegro im Viervierteltakt) zeigt eine ungewöhnliche metrische Struktur: Es besteht aus zwei Dreitaktern. Die anschließende, vom Hauptthema ausgehende neuntaktige Phrase führt zur Dominante in Takt 15, wo theoretisch das zweite Thema einsetzen könnte. Statt dessen zitiert das Cello das erste Thema in C-Dur und eröffnet damit eine Überleitung, die schon Durchführungscharakter hat: Erstaunlich, wie in dieser Phase des Mozartschen Schaffens die Grenzen zwischen Thema, Überleitung und Durchführung immer vager werden! Er kommt mit weniger thematischem Material aus, das er aber durch vielerlei Abwandlungen immer neu gestaltet beziehungsweise beleuchtet. Erst in Takt 31 setzt das Cello mit dem echten zweiten Thema ein, das dann in Takt 39 von der ersten Violine beantwortet, variiert und weitergeführt wird;[8] es dauert nämlich bis zum Takt 63, ehe ein definitiver Abschluß erreicht wird. Das Cello leitet dann den Nachsatz ein, wiederum mit einer Variante des Hauptthemas.

Die Durchführung basiert gänzlich auf Elementen der Exposition. In der Reprise werden die ersten 15 Takte der Exposition notengetreu wiederholt; überraschenderweise bringt dann die Bratsche in Takt 127 das Hauptthema in Moll. Eine verwandte, aber sich modulatorisch anders entwickelnde Überleitung führt zum zweiten Thema, das ab Takt 142 von Bratsche und erster Violine bestritten wird. Bis Takt 185 verläuft die Reprise analog zur Exposition; Takt 186 ermöglicht sowohl eine Rückkehr zur Durchführung als auch zur Coda, die im 12. Takt auf dem schwächsten Taktteil endet und so den Satz auf sehr ungewöhnliche Weise beschließt.[9]

Durch Tonart (C-Dur), Taktart (Sechsachteltakt) und Tempo (Andante im Autograph, Allegretto im Erstdruck) verführt der zweite Satz zum Vergleich mit dem zweiten Satz des Klavierkonzerts F-Dur, KV 459; auf den ersten Blick dürfte dieser Vergleich wohl zugunsten des Klavierkonzerts ausfallen. Das erste Thema macht mit seinen vielen Tonwiederholungen einen etwas spröden Eindruck.[10] Erst im 9. Takt stellt man fest, daß es nichts als ein Gerüst war, das der ersten Violine Gelegenheit dazu gibt, in Sechzehnteln einen sehr reichen Gesang zu entwickeln. Das zweite Thema (Takt 25) ist eine Variante des ersten, wiederum unter äußerst ökonomischem Einsatz der Mittel. In der Durchführung und kurz vor Ende der Reprise erhält der Cellist noch Gelegenheit, seine Fähigkeiten unter Beweis zu stellen. In der Reprise erscheint das Hauptthema in völlig neuem Licht, und zwar dadruch daß die Bratsche es mit einem ‚lombardischen' Motiv beantwortet.

Ähnlich wie das Hauptthema des ersten Satzes sind Menuett und Trio unregelmäßig gebaut. Der Hauptsatz basiert auf siebentaktigen, das Trio auf fünftaktigen Phrasen. Die Zeiten des Tanzmenuetts sind, soweit es Kammermusik und sinfonische Musik betrifft, längst vorbei. Was Mozart auf jenem Gebiet zu leisten imstande war, zeigte er anderweitig, etwa in den Tänzereihen KV 568, 585, 599, 601 und 604.

Im Finale wird die schon genannte ökonomische Handhabung auf die Spitze getrieben, ohne daß dadurch etwa Monotonie oder Langeweile eintritt – Zeugnis einer Meisterschaft, mit der nur die Finalsätze der Quintette D-Dur, KV 593 (1790), und Es-Dur, KV 614 (1791), verglichen werden können. Wiederum führt der sparsame Einsatz der Mittel dazu, daß der Satz den Eindruck einer einzigen Durchführung zweier – miteinander verwandter – Themen vermittelt.

Streichquartett F-Dur, KV 590

I.	*Allegro moderato*	
	Exposition	1–69
a	Erstes Thema	1–6
	Überleitung, gleichzeitig erste Durchführung des ersten Themas	7–31
b	Zweites Thema	31–
	Erster Abschnitt	31–38
	Zweiter Abschnitt (überkreuzt sich mit dem ersten)	38–
	und Nachsatz	–69
	Codetta und Überleitung	69–74
	Durchführung	75–111
	Erster Abschnitt, mit neuen Motiven	75–93

	Zweiter Abschnitt, mit Motiven aus	
	Exposition	94–111
	Reprise	112–180
a'	Erstes Thema	112–117
	Neugestaltete Überleitung	118–142
b'	Zweites Thema	142–
	und Nachsatz	–180
	Codetta und Überleitung	180–186
	Coda	187–198
II.	*Andante (Allegretto)*	
	Sonatenhauptsatz	
	Exposition	1–44
a	Erstes Thema	1–16

IX. Aufführungspraxis

Besetzung

Der junge Mozart scheint manchmal noch zwischen einfacher und mehrfacher Besetzung geschwankt zu haben; ‚viole‘ kommt neben ‚viola‘, ‚bassi‘ neben ‚basso‘ vor. An einer Stelle ist die Bezeichnung ‚viola‘ aus ‚viole‘ korrigiert, außerdem zur Bezeichnung ‚Basso‘ nachträglich ‚violoncello‘ hinzugefügt worden (Quartett D-Dur, KV 155).

Aus dieser Sachlage geht hervor, daß Mozart in diesen Werken für die tiefste Stimme nur das Violoncello vorgesehen hat. Hätte er einen Kontrabaß verlangt, wie zum Beispiel in Werken, die im Stehen ausgeführt wurden, hätte er ‚Violone‘ oder ‚Contrabasso‘ geschrieben.

Tempo – Phrasierung – Artikulation

Das richtige Tempo zu finden ist einerseits das Wichtigste in bezug auf die Wiedergabe der Musik, andererseits auch das Schwierigste, da es ja keine absoluten Definitionen von Termini wie Allegro, Adagio und so weiter gibt. Ein Blick auf die kleinsten Notenwerte, die in einem Stück vorkommen, vermittelt sehr oft einen Hinweis darauf, wo die Grenze eines Tempos liegt; besonders in den reifen Werken haben auch die Figuren mit kurzen Notenwerten melodische Bedeutung.

In den 23 Streichquartetten fand ich 22 verschiedene Tempo-Bezeichnungen (diejenigen, die von Leopold Mozart hinzugefügt wurden, wurden dabei mitgezählt). Die fundamentalen Bezeichnungen sind: Presto, Allegro, Allegretto, Moderato, Andante, Larghetto und Adagio. Die seltenen Angaben wie Presto, Moderato und Larghetto erscheinen stets ohne Zusatz; die übrigen können die unterschiedlichsten Modifikationen erfahren, das Allegro zum Beispiel von *Allegro vivace assai* bis zu *Allegro grazioso* die verschiedensten.[1]

Für den Spieler kommt es darauf an zu eruieren, inwieweit die verschiedenen Zusätze den Charakter der Musik und demgemäß das Tempo mitbestimmen.

Die richtige Tempowahl ist unverzichtbar, will man die richtige Phrasierung erlangen, zu der die Artikulation ein wichtiges Hilfsmittel ist. Ich gehe davon aus, daß bei einem Komponisten, der jahrelang Geige und in späteren Jahren gern Bratsche gespielt hat, die Bogensetzung ‚wörtlich‘ genommen werden kann. Auch diese Tatsache hat Bedeutung bei der Wahl des Tempos. So stehen im Larghetto des Quartetts in B-Dur, KV 589, manchmal Bögen über 15, ja sogar 17 Sechzehnteln. Diese Vorschrift zu beachten ist durchaus möglich, wenn man nur die alla breve Taktvorzeichnung mit einbezieht.

Mozarts Notierung in bezug auf Artikulation sollte genau respektiert werden (was leider nicht immer geschieht). So sollen Figuren wie im ersten Satz des Quartetts KV 428:

auf einem Bogenstrich ausgeführt werden. Im Quartett KV 575 findet sich diese Notierung sogar über anderthalb Oktaven (Takt 66–68, 70–72, 182–184, 186–188, 188–190); außerdem folgt die gleiche Figur steigend und gestoßen. Diese Spielart gemahnt auf den ersten Blick an die geigerische Virtuosität des 19. Jahrhunderts, war aber schon vorher bekannt. So schreibt Mozart am 22. November 1777 über den Violinisten Ignaz Fränzl:„er hat ein schönes staccato, *in einen bogen* (kursiv vom Autor), so wohl hinauf, als herab“.

Schließlich sei noch auf zweifellos gewollte unterschiedliche Artikulationsbezeichnungen in anscheinend gleichartigen Stimmen hingewiesen; so ist etwa im Quartett KV 464, erster Satz, Takt 7 für beide Violinen Staccato angegeben, für die, Viola dagegen legato. Auch diese Unterschiede gehören zu Mozarts Musiksprache.

Dynamik
Mozart verfügte über eine beschränkte Zahl von dynamischen Zeichen, die er aber äußerst sorgfältig verwandte. Es sind dies pianissimo, piano, sotto voce, mezzo forte, forte, crescendo und decrescendo.

Hier gilt übrigens dasselbe, was oben in bezug auf das Tempo gesagt wurde: Es ist nicht möglich, im absoluten Sinne festzustellen, wie laut forte, wie leise piano ist; eher wäre denkbar, daß die Spieler ihre Grenzen den Bedingungen des Raumes, in dem musiziert wird, anpassen sollen.

Es ist aber durchaus möglich (und notwendig), die dynamischen Werte als relative Größen zu beachten. Und man sollte nicht davor zurückschrecken, Mozarts des öfteren sich überkreuzenden Angaben wörtlich zu nehmen. Sie treten vor allem da in Erscheinung, wo ein oder mehrere Instrumente eine Phrase abschließen und gleichzeitig ein anderes mit einer neuen Phrase einsetzt, wie etwa im Quartett KV 458, erster Satz, Takt 238; Quartett KV 464, dritter Satz, Takt 126 ff.; Quartett KV 465, erster Satz, Takt 121. Im zuletzt genannten Satz erscheinen in den Takten 79–84 gegensätzliche dynamische Bezeichnungen, die ebenfalls berücksichtigt werden sollten.[2]

Vibrato

Die Frage, ob in älterer Musik das Vibrato angewendet werden darf oder nicht, wird des öfteren heftig diskutiert wird. In den Briefen Mozarts gibt es nur eine Stelle, die auf dieses Thema bezogen werden könnte. Am 12. Juni 1778 schreibt er über den Sänger Meissner:„Meissner hat wie sie wissen, die üble gewohnheit, daß er oft mit fleiss mit der stimme zittert – ganze viertl – ja oft gar achtl in aushaltender Note marquirt – und das habe ich an ihm nie leiden können. das ist auch wircklich abscheulich. das ist völlig ganz wieder die Natur zu singen. die Menschenstimme zittert schon selbst – aber so – in einem solchen grade, daß es schön ist – das ist die Natur der stimme, man macht ihrs auch nicht allein auf den blasinstrumenten, sondern auch auf den geigen instrumenten nach – ja so gar auf den Clavieren – so bald man aber über die schrancken geht, so ist es nicht mehr schön – weil es wieder die Natur ist. da kömts mir just vor wie auf der orgl wenn der blasbalk stost."

Sehr klar ist dieser Passus nicht. Wenn Mozart sagt, daß der Sänger in einer langen Note Viertel, ja auch Achtel markiert, dann wird man an den *trillo* aus der Zeit Caccinis erinnert: die Aufteilung einer langen Note in repetierte kleinere Notenwerte. Der Hinweis auf die Nachahmung des Vibrierens auf Klavieren kann sich wohl nur auf die Bebung auf dem Clavichord beziehen – und das deutet eher in Richtung Vibrato (übrigens wird auch im Roman ‚Hildegard von Hohenthal‘ von Wilhelm Heinse, der wenige Jahre nach Mozarts Tod erschien, eine Spielart beschrieben, die meines Erachtens nur als Vibrato verstanden werden kann, obgleich dieses Wort nicht erwähnt wird).

Nur eines ist sicher: Was immer man mit der Stimme oder auf der Geige bewirkt – es sollte nicht ‚über die Schranken‘ gehen!

Wiederholungen
Zu diesem heiklen Thema seien zuerst ein paar Worte zu den Sätzen gesagt, die anscheinend die wenigsten Probleme bieten: die Menuettsätze: Traditionell werden die beiden Teile des Hauptsatzes nach dem Trio nicht repetiert. Es ist jedoch fraglich, ob dies dem damaligen Usus entspricht. Die Tatsache, daß die Formulierung *„Menuetto da capo senza replica"* beziehungsweise *„senza ritornello"* (nach dem Trio) nicht nur bei Beethoven, sondern auch bei Mozart vorkommt (wenn auch selten), sollte uns zu denken geben – sie könnte darauf hinweisen, daß die Wiederholung *con replica* das Normale, die Ausführung *senza replica* die Ausnahme war.

Gegenüber der heutzutage oft gehörten (und nicht nur von Wissenschaftlern geäußerten) Forderung, immer alle Wiederholungen zu spielen, ist einige Skepsis wohl am Platze. Zumindest sollte man sich fragen: Worin liegt der Sinn einer Wiederholung? Und: Wie haben die Komponisten darüber gedacht?

Carl Philipp Emanuel Bach schreibt in seinem ‚Versuch über die wahre Art, das Klavier zu spielen‘ (erster Teil, drittes Hauptstück, Paragraph 31) über Stücke, deren Schreibart „so beschaffen ist, daß man sie wegen gewisser neuer Ausdrücke und Wendungen selten das erste mal vollkommen einsieht". Das ist eine Ansicht, die durchaus auch für Mozarts Streichquartette zutrifft. Sie gilt vor allem für den ersten Teil eines Sonatensatzes; die Probleme beginnen meistens mit der (eventuellen) Wiederholung des zweiten Teils. In theoretischen Schriften vor Mozart, etwa von Johann Mattheson (‚Das neueröffnete Orchestre‘), wird der Hauptsatz einer Sinfonie so beschrieben: Er besteht aus zwei Teilen, deren jeder wiederholt werden kann, aber nicht muß.[3] Die Frage erhebt sich: Wer entscheidet, wann *nicht* wiederholt werden soll – der Komponist oder der Ausführende?

Beschränken wir uns auf Mozart, dann sehen wir, daß er es uns in den Sinfonien KV 319 und 338 leicht gemacht hat: In deren Hauptsätzen sind keine Repetitionszeichen vorhanden.

Ein Blick auf die Hauptsätze der Sinfonien KV 550 und 551 sowie die des Streichquartetts KV 575 lehrt, daß hier die Wiederholungszeichen für den zweiten Teil mit gutem Grund fehlen: Der Beginn des Durchführungsteils folgt logisch auf die Exposition, aber keineswegs logisch auf die Reprise.

Meines Erachtens muß in den Quartetten Mozarts von Fall zu Fall entschieden werden, ob eine Wiederholung wünschenswert ist oder nicht. So ist zum Beispiel im ersten Satz des Quartetts KV 387 die Wiederholung des zweiten Teils nicht zwingend, da sich die Durchführung fast ausschließlich auf die Thematik des ersten Teils bezieht; die Wiederholung könnte beim Hörer leicht eine gewisse Ermüdung verursachen.

Andererseits ist in den Quartetten KV 458 und 499 die Wiederholung des zweiten Teils wünschenswert; es handelt sich hier um ziemlich komplizierte Sätze, außerdem erhält die Coda durch diese Wiederholung ihr wahres Gewicht und eine besondere Bedeutung.

Ein Zweifelsfall scheint der erste Satz des Quartetts KV 421 zu sein. Zwar hat Mozart durch einen Überleitungstakt (Takt 112) die Rückkehr zum Anfang der Durchführung ermöglicht. Kann dieser dann aber noch so überraschend wirken wie beim ersten Mal? Oder soll man mit Carl Philipp Emanuel Bach dem Sinne nach sagen: Hier gibt es so viele neue Ausdrücke und Wendungen, daß man sie nicht beim ersten Mal vollkommen einsieht?

Auszierungen

Mozart hat mehrfach darauf hingewiesen, daß es in seiner Musik Stellen gibt, die sozusagen ‚kahl' notiert sind und vom Ausführenden eine Ergänzung, eine Auszierung erwarten; auch hat er selbst Beispiele solcher Ausarbeitungen beigesteuert. Es handelt sich dabei vorwiegend um Vokalwerke und um solistische Klaviersätze in langsamem Tempo. Die Beschaffenheit solcher Werke ist von wesentlich anderer Art als die der Streichquartette, und es muß als äußerst unwahrscheinlich angesehen werden, daß Mozart in irgendeiner Stimme seiner Streichquartette je mit solchen Auszierungen gerechnet hat. Allenfalls wäre denkbar, daß eine behutsame Auszierung einzelner Stellen in den langsamen Sätzen der Streichquartette KV 170 und 172, in denen die erste Violine eine einigermaßen ‚solistische' Stimme hat, nicht vollkommen von der Hand zu weisen wäre.

X. Wirkung

In den vorangehenden Kapiteln habe ich dazustellen versucht, welche Meisterschaft sich in Mozarts Quartetten der Jahre 1782 bis 1790 offenbart; auch, daß zwischen den italienischen und Wiener Quartetten der Jahre 1770 bis 1773 und jenen der späteren Jahre nicht nur ein zeitlicher, sondern auch ein musikalisch-kreativer Abstand liegt. Wenn ich mich jetzt dem Thema der Wirkung zuwende, so geht es um zwei Aspekte: einerseits die Wirkung auf die Zuhörer, andererseits die Wirkung auf Komponisten.

Daß die Wirkung der reifen (manchmal auch der frühen) Quartette Mozarts bis heute ungetrübt ist, kann man täglich im Konzertsaal feststellen. Vermutlich ist das Interesse des Publikums heute sogar wesentlich größer als im 19. Jahrhundert.

Ich wage die These, daß es einmal eine Zeit geben könnte, in der die Zuhörerschaft so weit von der Welt des 18. Jahrhunderts entfernt ist, daß sie den Kontakt etwa zu ‚*Le nozze di Figaro*‘ oder ‚*Idomeneo*‘ nicht ohne weiteres findet; in der sie auch kein Verständnis aufbringt für die Kompromisse, zu denen sich Mozart in seiner Salzburger Kirchenmusik gezwungen sah; ja in der sie vielleicht nicht einmal mehr imstande ist, die Weitläufigkeit der Serenaden, Finalmusiken und Divertimenti anzuerkennen. In einer solchen Zeit werden aber diejenigen Werke, die weder von Kompromissen noch von umweltgebundenen Bedingungen abhängig sind, bestehen bleiben und ihre Geltung behalten: die Kammermusik, die Klaviermusik und die sinfonische Musik. Denn daß auch diese Werke gewissen Regeln der Struktur und der Harmonik unterworfen waren, bedeutete für Mozart keinen Kompromiß und keinen Zwang: Diese Regeln bildeten eine Grundlage, auf der immer wieder eine Neuinterpretation möglich war, in der sich seine Persönlichkeit auf dem höchsten Niveau entfalten konnte.

Kompositorische Rezeption

Joseph Haydn

Der erste, von dem hier die Rede sein soll, hat Mozart um fast 18 Jahre überlebt und war noch bis zwölf Jahre nach Mozarts Tod schöpferisch tätig.

Nach dem Erscheinen der ‚Preußischen Quartette' bei Artaria in Wien am 28. Dezember 1791 schrieb Haydn noch 14 Streichquartette (die zwei Sätze des unvollendeten „op. 103" nicht mitgezählt). Mozart hielt auch in seinen letzten Lebensjahren den persönlichen Kontakt zu Haydn aufrecht, vor allem, um ihn zu Proben seiner Oper ‚Cosi fan tutte' einzuladen (29. Dezember 1789, 20. Januar 1790). Von seinen neuen Quartetten dürfte er kaum gesprochen haben: Haydn wußte schon seit einigen Jahren, was Mozart auf diesem Gebiete zu leisten imstande war. Von Haydns im Jahre 1790 komponierten Quartetten ging ein Impuls auf Mozart über: Das Hauptthema des Finale des Es-Dur-Quartetts Hob. III: 64 kehrt in Umkehrung im letzten Satz von Mozarts Quintett Es-Dur, KV 614, wieder.

Ob Haydn sich in den neunziger Jahren mit Mozarts Spätwerken beschäftigt hat, wissen wir nicht. Anzunehmen ist, daß ihn zumindest ‚Die Zauberflöte' interessiert hat; das beweisen die Zitate aus dieser Oper in den ‚Jahreszeiten'.[1]

In folgenden Streichquartetten könnte man allenfalls eine Beeinflussung durch Mozart annehmen: Hob. III: 69–71, B-Dur, D-Dur, Es-Dur; Hob. III: 72–74, C-Dur, F-Dur, g-Moll; Hob. III: 75–80, G, d, C, B, D, Es; Hob. III: 81, 82, G-Dur, F-Dur. Einige ihrer Sätze zeigen Verwandtschaft mit Mozarts späten Quartetten und legen dementsprechend die Vermutung nahe, daß Haydn sie studiert hat: Hob. III: 69, vierter Satz; Hob. III: 72, vierter Satz, und Hob. III: 73, vierter Satz; es ist besonders das Finale des Quartetts KV 590, an das man in diesen Werken erinnert wird. In Hob. III: 75, vierter Satz, scheinen die Modulationen in den Takten 94–106 aus den Finalsätzen der Quartette KV 387 und 465 zu stammen: andererseits klingen sie wie eine Prophezeiung von Schuberts Klangwelten. Auch der vierte Satz, Hob. III: 81, weist auf Mozart hin und der zweite Satz, Hob. III: 82, gemahnt an den in derselben Tonart (D-Dur) stehenden Variationensatz im Quartett KV 464. In den letzten Takten des langsamen Satzes aus Hob. III: 80, der sogenannten „Fantasia‘ – einem der ergreifendsten Sätze Haydns überhaupt –, erinnert sich Haydn eindeutig des langsamen Satzes aus dem Quartett KV 465.

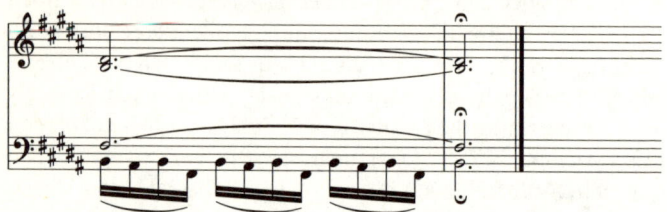

Es bedarf wohl kaum der Erwähnung, daß all diese Sätze, bei aller Verwandtschaft mit Mozart, unverkennbar Haydnsche Geistesprodukte sind. Es bleibt ein kleines Wunder, daß die beiden Komponisten, verschiedenen Generationen angehörend, sich gefunden haben im äußerst ökonomischen Einsatz der Mittel, in der spielerischen Verwendung des Kontrapunkts und im Vermögen, durch häufig veränderten harmonischen Kontext ein gleiches Thema in immer neuem Licht erscheinen zu lassen.

Nicht unerwähnt bleiben sollte, daß sich in den späten Quartetten Haydns neue Möglichkeiten der tonalen Beziehungen der einzelnen Sätze abzuzeichnen beginnen, die Mozart noch unbekannt waren und die in Beethovens und Schuberts Werken weiteretnwickelt wurden.

Ludwig van Beethoven

Über die Bedeutung, die das A-Dur-Quartett, KV 464, für Beethoven gehabt hat, ist schon gesprochen worden (s. S. 61). Es liegt nahe, anzunehmen, daß ein eventueller Einfluß Mozarts sich auch in den übrigen Quartetten aus op. 18 niedergeschlagen hätte. Das ist aber nur in sehr beschränktem Maße der Fall. Denn daß die ersten Sätze ausnahmslos die Form des Sonatenhauptsatzes aufweisen, beweist nur, daß Beethoven sich einem etablierten Formenmodell anschloß, das auch schon Haydn und Mozart als Maßstab gedient hatte. Die formalen Prinzipien der langsamen Sätze sind die gleichen, die uns aus den Quartetten von Haydn und Mozart bekannt sind; und daß in jedem Quartett ein Menuett beziehungsweise Scherzo mit Trio aufscheint, kann auch nicht als direkter Bezug auf Mozart gewertet werden. In den Finalsätzen – teils in Rondo-, teils in Sonatenform – ist nichts von den spektakulären Neuerungen der ‚Preußischen Quartette‘ zu finden. Im Gegenteil: Einmal, nämlich im c-Moll-Quartett, das vermutlich als erstes der Reihe komponiert wurde, griff Beethoven sogar auf ein älteres Rondo-Prinzip zurück, das ‚Rondo alla francese‘, also ein Rondo, in dem die Couplets ohne jede Überleitung auf den Refrain und dessen Wiederholungen folgen – hier allerdings mit einer ausführlichen Coda.

An Mozart gemahnt nur der Modulationsverlauf in der Einleitung zum Finale des Quartetts B-Dur, der stark an das Finale des Quartetts KV 465 erinnert.

Franz Schubert

Franz Schubert, der – wie seine Tagebucheintragung vom 14. Juni 1816 beweist, in der er von einem Streichquintett Mozarts spricht – Mozart gewiß nicht weniger geliebt und bewundert hat als Beethoven, hat sich in seinen Quartetten nur selten auf Mozart bezogen; selbst seine Frühwerke, in denen man es am ehesten erwarten würde, sind nicht von Mozarts Vorgaben geprägt. Man könnte den Eindruck gewinnen, Joseph Haydn sei viel mehr sein Vorbild gewesen. Mozart hätte ein Streichquartett in g-Moll sicher nicht mit einem Finale beschlossen, wie Schubert es in D 173, 1815, tat; von Haydn könnte man sich das allerdings durchaus vorstellen.

Nur einmal wird man in Schuberts Streichquartetten an Mozart erinnert, merkwürdigerweise in einem Werk aus seiner reifen Zeit: Für das Scherzo aus dem d-Moll-Quartett (D 810, 1824) hat das Menuett aus Mozarts d-Moll-Quartett (KV 421/417b) eindeutig als Modell gedient.

Felix Mendelssohn-Bartholdy

Nach Schubert haben sich die deutschen Komponisten, die sich für das Streichquartett interessierten und die allesamt Mozartverehrer waren, eher an Beethoven orientiert als an Mozart, am auffälligsten wohl Mendelssohn, der sich in seinem Quartett Es-Dur, op. 12, eindeutig an Beethovens op. 74, im Quartett a-Moll, op. 13, ebenso eindeutig an dessen op. 132 erinnert.

Die drei Quartette op. 44 haben mit Mozart nichts zu tun, übrigens auch wenig mit Beethoven. Dessen Geist macht sich wieder bemerkbar im f-Moll-Quartett, op. 80 – einem der ergreifendsten Werke, die Mendelssohn komponiert hat.

Robert Schumann

Bei Schumann kann von irgendeinem Bezug auf Mozart schon deswegen nicht die Rede sein, weil seine Art, für das Quartett zu schreiben, völlig von der Mozartschen abweicht; das oft gehörte Klischee, Schumann sei fast immer vom Klavier ausgegangen und habe demgemäß oft nicht idiomatisch komponiert, bezeichnet zumindest eine richtige Tendenz.

Beim Entwerfen der Variationen im F-Dur-Quartett, op. 41 Nr. 2, mag er den langsamen Satz aus Beethovens op. 127 vor Augen (und Ohren) gehabt haben.

Johannes Brahms

Mehr als in seinen Quartetten c-Moll und a-Moll (op. 51 Nr. 1 und 2) scheint sich Brahms in seinem dritten Streichquartett (B-Dur op. 68) an eine weiter zurückliegende Vergangenheit erinnert zu haben. Ohne daß von irgendeiner thematischen Verwandtschaft die Rede sein könnte, weist der erste Satz durch Ton- und Taktart – und in gewissem Sinne auch im Charakter – auf Mozarts Quartett B-Dur, KV 458, hin. Aber im Variationen-Finale ist das Vorbild wiederum Beethoven: Das Finale des Es-Dur-Quartetts op. 74 basiert auf einem ähnlich ‚harmlosen‘ Thema, und das Brahmssche wird auf vergleichbar phantasievolle Weise abgewandelt.

Französiche Komponoisten

Beethoven wurde gewissermaßen das „Maß aller (musikalischen) Dinge", und zwar nicht nur im deutschen Kulturraum: Noch Gabriel Fauré schrieb, als er sich 1923 anschickte, ein Streichquartett zu komponieren, in einem Brief an seine Frau,[2] daß das Bewußtsein, daß Beethoven in dieser Gattung so viel Bedeutendes geleistet hatte, ihn mit einem Gefühl der Panik erfüllte. Beethovens Vorbild stellte Mozart vollends in den Schatten. Dessen Quartette waren für die meisten Komponisten um die Jahrhundertwende bestenfalls Specimina einer entfernten und verehrten Vergangenheit, nicht aber ein Modell, an dem sie sich orientieren konnten.

Aber auch der Einfluß Beethovens nahm ab, zugunsten neuer, unterschiedlicher Entwicklungen. Weder die von Debussy und Ravel erschlossenen harmonischen Gefilde noch die Ideen der ‚Zweiten Wiener Schule‘, noch die vor allem in Mittel- und Ost-Europa sich abzeichnenden folkloristischen Tendenzen haben mit Mozart irgend etwas zu tun.

Nur das Quartett op. 45 von Albert Roussel, komponiert 1932 (also im Zeitalter des Neoklassizismus), enthält kontrapunktische Wendungen, an denen der Komponist des ‚Hoffmeister-Quartetts‘ vielleicht Gefallen gefunden hätte. Und der erfindungsreiche Autor von immerhin achtzehn Streichquartetten, Darius Milhaud, hat sein Leben lang dem Ideal der *clarté* gehuldigt, die auch Mozarts oberstes – wenn auch ungeschriebenes – Gesetz war.

Anmerkungen

I. Einleitung

1 Siehe dazu Beethovens Brief vom 15. Dezember 1800 an Franz Anton Hoffmeister (denselben, der Mozarts Quartett KV 499 verlegt hatte), in dem er vom Septett op. 20 berichtet, in dem alle Instrumente obligat sind, und dann hinzufügt: „(ich) kann gar nichts unobligates schreiben, weil ich schon mit einem obligaten Accompagnement auf die welt gekommen bin."

2 Siehe Mary Sue Morrow, Concert Life in Haydn's Vienna, Stuyvesant, NY, 1989.

3 Siehe Ludwig Finscher, Studien zur Geschichte des Streichquartetts I = Saarbrücker Studien zur Musikwissenschaft, Band 3, Kassel, Basel, Tours und London 1974.

II. Das Quartett G-Dur, KV 80/73

1 Divertimento KV 253, drei Sätze in F-Dur; Serenade KV 375, fünf Sätze in Es-Dur; Sonate KV 547, drei Sätze in F-Dur; Divertimento KV 125 b, drei Sätze in B-Dur.

2 Es sind dies die dreisätzigen Sinfonien KV 16, 19, 19a, 22 und 45a, sowie die viersätzigen KV 76/42a, 43, 45, 45 b, 48 und 73.

III. Die Quartette KV 155/134a, 156/134b, 157, 158, 159 und 160/159a

1 Daß die so entstehende Folge D – G – C' – F' – B' – Es" mit dem Anfang der 1. Kammersinfonie, op. 9, von Schönberg übereinstimmt, ist wohl rein zufällig.

2 Der Satz wirkt fast wie ein Vorläufer des 2. Satzes der Sonate in G-Dur, KV 378/373a für Klavier und Violine.

3 Man möchte fast wünschen, daß der g-Moll-Satz für sich allein bestünde, etwa wie Schuberts Quartettsatz, D 703.

4 Siehe: H. C. Robbins Landon und Donald Mitchell, The Mozart Companion, London 1956, S. 94.

5 Da mit Ausnahme des Quartetts C-Dur, KV 170, alle ersten Sätze die Form des Sonatenhauptsatzes – allenfalls mit langsamer Einleitung – aufweisen, wird dies in der Folge nicht extra erwähnt.

IV. Die Wiener Quartette, KV 168–173

1 Reginald Barrett-Ayres, Joseph Haydn and the String Quartet, London 1974, S. 145.

2 A.a.O., S. 137f.

3 Wie bald die Lernfähigkeit bei Mozart zu sicht- und hörbaren Resultaten führte, läßt sich durch zwei Briefstellen belegen:
„Mit einem Worte: das, was er gewußt, da wir aus Salzburg abgereist, ist ein purer Schatten gegen demjenigen, was er ietzt weis. Es übersteiget alle Einbildungskraft" (Leopold Mozart an Lorenz Hagenauer, 28. Mai 1764). „der Wolfgang bleibt mit seiner Wissenschaft auch nicht stehen, sondern wächst von tage zu tage, so, daß die grösten kenner und Meister nicht Worte genug finden ihre Bewunderung auszudrücken und an tag zu geben" (Leopold Mozart an seine Frau, 21. April 1770).

4 ‚Wandernd' in dem Sinne, als es sich um ein Thema handelt, das bei verschiedenen Komponisten auftaucht, manchmal leicht verändert; in diesem Falle bei Händel, Haydn und Mozart.

5 Da eine später verworfene Fassung dieses Menuetts existiert, beweist dies, daß Mozart das Komponieren dieser Werke keineswegs leicht von der Hand ging.

6 Ähnlich verfuhr Mozart im dritten Satz der Klaviersonate KV 284/205 b.

7 Es kann sich m. E. nicht um ein Versehen Mozarts handeln, denn in der 4. Variation ist die Ausarbeitung der Generalpause wieder da. Entweder hat Mozart sich einen Spaß erlaubt, oder er hat keine Möglichkeit gefunden, den aufstrebenden gebrochenen Akkord noch weiter zu führen, ohne langweilig zu werden.

8 Diese von Alfred Einstein geprägte Bezeichnung bezieht sich auf die Quartette der Jahre 1782–1785 (s. seine Ausgabe dieser Quartette bei Novello, London o.J., S. XII).

V. Intermezzo: Die quartettlose Zeitspanne

1 So Mozart in seinem Brief aus Paris vom 9. Juli 1778.

VI. Die ‚Haydn-Quartette' KV 387, 421/417 b, 458, 428/421 b, 464, 465

1 Reginald Barrett-Ayres, a.a.O., S. 188.

2 Die separate Veröffentlichung von Werken wie Mozarts Violinsonaten KV 481 und 526 sowie von Werken wie dem Klavierquartett KV 478 und dem Trio mit Klarinette KV 498 ist eher die Ausnahme – daran könnte man übrigens Gedanken über die Individualisierung der jeweiligen Werke anknüpfen.

3 Siehe Marius Flothuis, Eine wohldurchdachte Anordnung, in: Mitteilungen der Internationalen Stiftung Mozarteum 23, 1975, Heft 1/2, S. 16–22.

4 Siehe dazu Wolfgang Plath, „Idomeneo"-Miszellen, in: Acta Mozartiana 1984/H. 1.

5 Dies könnte darauf hinweisen, daß die mehrfach vertretene Annahme, Mozart habe bei der Konzeption der ‚preußischen' Quartette auf ältere Entwürfe zurückgegriffen, einen Kern von Wahrheit besitzt. Siehe auch S. 86.

6 Nicht ganz zu Unrecht wird dieses Werk manchmal als der ‚Jupiter' unter den Quartetten bezeichnet.

7 An dieser Stelle ist zu erkennen, daß das Komponieren während des Schreibens noch fortgesetzt wurde. Mozart hatte anfangs bei der ersten Violine die chromatische Linie noch weitergeführt, doch dann, weil sie nach B-Dur statt nach C-Dur gegangen wäre, zwei Takte durchgestrichen und erneuert.

8 Jacques Chailley, Sur la signification du quatuor de Mozart K 465, dit „les dissonances", et du 7ème quatuor de Beethoven, in: Natalicia Musicologica 1962, S. 283–292.

9 Ich beziehe mich hier auf die mustergültige Aufnahme der Quartette durch das ‚Quartetto Italiano'.

10 Auch der erste Satz des h-Moll-Quartetts von Haydn zeigt diesen 8/8-Rhythmus.

11 Vgl. das Finale des Quartetts KV 589, siehe S. 92.

12 Vergleichbar wäre eventuell der zweite Satz der Klaviersonate C-Dur, KV 330.

13 Auch die Ouverture zu ‚Idomeneo' schließt auf der Dominante von g-Moll.

14 Barrett-Ayres, a.a.O., S. 19.

15 Auch dieses Thema hat seine Spuren in Beethovens Quartett op. 18 Nr. 5 hinterlassen, nämlich im Finale, Takt 36–43 und 207–214.

16 Zu dem gestrichenen „cantabile" s. Marius Flothuis, Mozart und das Vortragszeichen Cantabile, in: Wolfgang Gratzer und Andrea Lindmayr, De editione musices – Festschrift Gerhard Croll zum 65. Geburtstag, Laaber 199.

17 Dementsprechend sind die Takte in der NMA durchnumeriert, was das Zitieren wesentlich erleichtert.

18 Vgl. dazu die Sinfonie g-Moll, KV 183 dB, zweiter Satz, Takt 38–40.

19 Der Anfang des Menuetts wurde an einer Stelle gefunden, wo man es sicher nicht erwarten würde, nämlich in einer Autographensammlung aus dem Besitz der polnischen Komponistin/Pianistin Maria Szymanowska (wo als Autor irrtümlich Joseph Haydn vermerkt ist).

20 S. dazu: Alexander L. Ringer, The Chasse as a Musical Topic of the 18th Century, in: JAMS VI, 1953, S. 148–159, insbesondere S. 156–157.

21 Hermann Abert, W. A. Mozart, 6. Aufl., Leipzig, 6/1924, Bd. II, S. 172.

22 Das gleiche Motiv erklingt auch noch in ‚Die Zauberflöte', erster Akt, Quintett Nr. 5, Takte 196–199, und schließlich in Beethovens Klavierkonzert Nr. 4, dritter Satz, Takt 9–10, et passim.

23 Sie ist den hinausgeschobenen Kadenzierungen im ersten Satz des A-Dur-Quartetts durchaus vergleichbar.
24 Interessant ist auch, daß ein solches Verfahren im Keim schon in den Takten 53–60 des ersten Satzes des Quartetts KV 168 vorkommt –

KV 168, Erster Satz, Takt 53

also gerade des Werks, in dessen zweitem und viertem Satz der Kontrapunkt eine vorherrschende Rolle spielt. Die von Baron van Swieten vermittelten Lehren Joh. Seb. Bachs fielen bei Mozart wohl auf fruchtbaren Boden.

VII. Das Quartett D-Dur, KV 499

1 Die beiden Quartette, von denen hier die Rede ist, sind das Streichquartett D-Dur, KV 499, und das Klavierquartett Es-Dur, KV 493. Otto E. Deutsch, Mozart. Die Dokumente seines Lebens = Neue Ausgabe seiner Werke, Serie X, Supplement, Werkgruppe 34, Kassel 1961, S. 362.
2 Das sollte Beethoven vorbehalten bleiben.

VIII. Die ‚Preußischen Quartette'

1 Ob sie wirklich so hieß, steht dahin. In der Korrespondenz der Familie
   Mozart wird sie als „jenomè", „jenomy" und „genomai" erwähnt.

2 Eine derartige Folge von isolierten, nicht aufgelösten Septakkorden
   wurde hundert Jahre später ein wesentlicher Bestandteil der harmonischen Sprache Claude Debussys. Übrigens enthält auch die Durchführung des ersten Satzes des Klavierkonzerts KV 595 eine ähnliche Folge
   (Takt 209–217).

3 Frankfurt am Main 1978, S. 201.

4 Cambridge (USA) und London 1987, S. 36–47.

5 Es scheint mehr als fraglich, ob die in der NMA in Takt 208 angege-
   bene Wiederholung des zweiten Teils wirklich von Mozart so gewollt
   ist. Im Autograph steht an dieser Stelle kein Wiederholungszeichen; im
   Takt 72 ist die Notierung nicht ganz klar. Außerdem klingt in den
   Takten 72–76 die Mollfassung der Takte 67–71 durchaus logisch,
   nach dem B-Dur-Schluß in Takt 208 ebenso unlogisch.

6 Aus dem Dominantsept-Akkord wird also ein übermäßiger Sextakkord.

7 Hier wird aus dem Dominantsept-Akkord ein übermäßiger Quintsext-
   Akkord.

8 Der Takt 39 (erste Violine) korrespondiert mit Takt 31 des Cellos. Ein
   ‚notengetreues' Zitat hätte aber in die Region der Bratsche geführt:
   Mozart gibt dem Themenanfang eine neue Gestalt und bereitet diese
   durch einen Auftakt von sieben Achteln vor (Takt 38), der mit dem
   achten Takt des Cellos zusammentrifft – einmal mehr ein Vorgehen,
   das höchste Meisterschaft verrät.

9 Einen ähnlichen Schluß weist das Terzett Nr. 6 in der ‚Zauberflöte'
   auf – dort aber mit eindeutiger, theatralischer Absicht: Papageno und
   Monostatos „laufen beide ab" .

10 Alfred Einstein äußerte sich zu diesem Satz folgendermaßen: „das letzte Werk in F hat volles Gleichgewicht in allen Sätzen – es ist wie ein
   Mozartscher Abschied von Haydn, und im Andante, einem der sensi-
   tivsten Sätze der ganzen Kammermusik-Literatur, wie ein selig-
   wehmütiger Abschied vom Leben. Wie schön war es! Wie enttäu-
   schend! Wie kurz!" Alfred Einstein, Mozart – Sein Charakter, sein
   Werk, Frankfurt 1978, S. 201–202.

IX. Aufführungspraxis

1 Meine Ansichten bezüglich des Tempos stimmen weitgehend mit den
   Ausführungen von Paul und Eva Badura-Skoda in ihrer grundlegenden
   Studie Mozart-Interpretation, überein. Wien und Stuttgart 1957.

2 Auf die höchst originelle gegensätzliche Dynamik in der 6. Variation
   des dritten Satzes des Quartetts KV 464 wurde schon hingewiesen, s.
   oben S. 64.

3 Siehe hierzu die einleuchtenden Ausführungen von Günther Wagner in seiner Studie Die Sinfonien Carl Philipp Emanuel Bachs, Stuttgart und Weimar 1994.

X. Wirkung

1 Siehe dazu M. Flothuis, Die „Zauberflöte". Vorstufen und Werkbetrachtung, in: Mozart-Jahrbuch 1996, Salzburg 1996.
2 Brief vom 9. September 1923. Siehe Jean-Michel Nectoux, Gabriel Fauré, a Musical Life, Cambridge u. a. 1991, S. 459.

Abkürzungsverzeichnis

D	Franz Schubert – Thematisches Verzeichnis seiner Werke in chronologischer Folge, von Otto Erich Deutsch, 2. Aufl. Kassel u. a.
Hob.	Joseph Haydn – Thematisch-bibliographisches Werkverzeichnis, zusammengestellt von Anthony van Hoboken, 3 Bde., Mainz 1957, 1971 und 1978
JAMS	Journal of the American Musicological Society
KV	Chronologisch-thematisches Verzeichnis sämtlicher Werke Wolfgang Amadé Morarts, von Dr. Ludwig Ritter von Köchel, 6. Aufl. Wiesbaden 1994
NMA	Neue Mozart-Ausgabe, Kassel u. a. 1955 ff.

Glossar

Abtaktig: mit der ersten Zählzeit beginnend; im Gegensatz zu auftaktig: mit einer schwächeren Zählzeit beginnend.

Alterierung: chromatische Änderung eines Akkordtons.

Chasse: französische Bezeichnung von Stücken, die Jagdszenen nachahmen, durch Verwendung von Hornmotiven im Sechsachtel-Takt.

Codetta: Nachspiel eines Teils eines Satzes, etwa der Exposition eines Sonatenhauptsatzes.

Contradictio in terminis: (lat.) Verbindung zweier Begriffe, die sich eigentlich ausschließen.

Enharmonische Umdeutung: Umdeutung eines Tons, etwa von es zu dis, wodurch eine Harmonie in einen neuen Kontext gestellt wird.

Entsprechung: melodische Phrase, die im Satzgefüge mit einer anderen übereinstimmt, ohne aber deren (transponierte) Wiederholung zu sein; auch: Korrespondenz.

Fantasie-Durchführung: Durchführungsteil, der kaum oder gar nicht von Motiven der Exposition Gebrauch macht, sondern frei erfunden ist.

Figuriert: mit zusätzlichen Tönen umspielt; figurierter Orgelpunkt: Orgelpunkt, der sich nicht auf einen Ton beschränkt, dessen ungeachtet aber seinen Charakter als ,liegender Ton' nicht verliert.

Finalmusik: festliche Musik, mit der in Salzburg im August das akademische Jahr abgeschlossen wurde.

Großauftakt: Auftakt, der umfangreicher ist als das übliche Viertel oder der gewöhnliche Halbtakt und selbst einen ganzen Takt (oder sogar noch mehr) umfaßt.

imitatorisch: ganz oder teilweise auf anderer Tonhöhe antwortend.

Korrespondenz: s. Entsprechung.

lombardischer Rhythmus: aus zwei Tönen bestehende Figur, deren erste kurz und betont, die zweite lang und unbetont ist, etwa Sechzehntel plus punktiertes Achtel oder Achtel plus Viertel.

Mediante: vom Hauptton im Abstand einer kleinen oder großen Terz entfernter Ton.

Obligates Accompagnement: instrumentale Stimme, die eine andere begleitet und nicht weggelassen oder ersetzt werden kann.

Parallelltonart: Tonart, die mit einer anderen das Vorzeichen, nicht aber das Tongeschlecht gemein hat, zum Beispiel Es-Dur und c-Moll.

Passus duriusculus: (lat.) chromatisch absteigende Reihe von Tönen innerhalb einer Quarte.

Pasticcio-Konzert: Konzert, in dem das musikalische Material der Sätze aus Sonatensätzen anderer Komponisten entlehnt ist (bei Mozart die Klavierkonzerte KV 37, 39, 40 und 41).

Permutation: veränderte Reihenfolge von Tönen oder Rhythmen.

Quartsextakkord: Harmonie, bestehend aus Grundton, Quarte und Sexte; in der klassischen Instrumentalmusik kurz vor dem Schluß eines Satzes die Harmonie, die den Spieler zu einer (improvisierten) Auszierung auffordert.

Querstand: chromatische Folge von Tönen in verschiedener Stimmlage, etwa as' – a".

Ritmo di tre battute: von Beethoven verwendeter Ausdruck, mit der die Zusammengehörigkeit von drei (anstatt der üblichen zwei oder vier) Takten bezeichnet wird.

Rondo alla francese: (ital.) Rondoform, in der der Refrain, dessen Wiederholungen und die Couplets ohne Zwischenspiele oder Überleitungen nebeneinander gestellt werden.

Sequenz: mehrfache Wiederholung einer Phrase auf unterschiedlichen Tonhöhen.

Sextakkord: Harmonie, bestehend aus Baßton, Terz und Sexte.

Tenuto: (ital.) gehalten, nicht gestoßen.

Trugschluß: Harmonie, die anstelle einer erwarteten Harmonie eintritt, etwa nach der Dominantharmonie die sechste Stufe anstatt der Tonica.

Übermäßiger Quintsextakkord: Harmonie, bestehend aus Grundton, Terz, Quinte und erhöhter Sexte, etwa f – a – c – dis.

Übermäßiger Sextakkord: Harmonie, bestehend aus Grundton, Terz und erhöhter Sexte, etwa f – a – dis.

Variante: Tonart die mit einer anderen den Grundton gemein hat, nicht aber das Tongeschlecht, zum Beispiel C-Dur und c-Moll.

Literatur

(außer im Text genannten Titeln)

Cherbuliez, A. E., Bemerkungen zu den ‚Haydn'-Streichquartetten Mozarts und Haydns ‚Russischen' Streichquartetten, in: Mozart-Jahrbuch 1959, S. 28–45 (hierzu ausführliche Literaturhinweise bezüglich der Streichquartette Haydns und Mozarts).

Grebe, Karl, Das „Urmotiv" bei Mozart. Strukturprinzipien im G-Dur-Quartett KV 387, in: Acta Mozartiana 1959, Heft 1, S. 9–14.

Hyatt King, A., The Growth and Significance of Mozart's Counterpoint, in Mozart in Retrospect, 2. Aufl. London 1956, S. 166–179.

Keller, Hans, The Chamber music, in: The Mozart Companion (ed. H. C. Robbins Landon and Donald Mitchell), London 1956, S. 95–132

Ders., The Great Haydn Quartets. Their Interpretation, London and Melbourne 1986.

Klockow, E., Mozarts Streichquartett in A-Dur (1784), in: Mozart-Jahrbuch III, 1929, S. 210 ff.

Leopold, Silke, Mozart, KV 421: Ein Menuett über das Menuett, in: Musica 43, Heft 1, Januar-Februar 1989, S. 42–43.

Palm, Albert, Mozarts Streichquartett in d-Moll, KV 421, in der Interpretation Momignys, in: Mozart-Jahrbuch 1962/1963, Salzburg 1964, S. 256–279.

Seidel, Wilhelm, Sechs musikalische Charaktere. Zu den Joseph Haydn gewidmeten Streichquartetten von Wolfgang Amadeus Mozart, in: Mozart-Jahrbuch 1984/1985. Kassel u. a. 1986, S. 125–129.

Somfai, László, Mozarts Haydn-Quartette, in: Szabolsci-Bartha, Mozart emlékére (Mozart-Gedächtnisband), Budapest 1957, S. 233–300, deutsch 539–540.

Personenregister

Zitierte Musikwerke

(außer Mozarts Streichquartetten)

Buchanzeigen

Biographien bei C.H.Beck
Eine Auswahl

Karl Geiringer
Die Musikerfamilie Bach
Musiktradition in sieben Generationen
Unter Mitarbeit von Irene Geiringer.
2. Auflage. 1983. XVI, 397 Seiten mit 24 Abbildungen auf Tafeln
und 94 Notenbeispielen. Leinen
(Beck'sche Sonderausgabe)

Niklas Holzberg
Ovid
Dichter und Werk
2., durchgesehene Auflage. 1998. 220 Seiten. Leinen

Nicholas Boyle
Goethe. Der Dichter in seiner Zeit
Band 1: 1749–1790
Aus dem Englischen von Holger Fliessbach
1995. 885 Seiten mit 37 Abbildungen. Leinen

Gordon A. Craig
Über Fontane
Aus dem Amerikanischen von Jürgen Baron von Koskull
2., durchgesehene Auflage. 1998. 295 Seiten mit 5 Abbildungen. Leinen

Gerit von Leitner
Der Fall Clara Immerwahr
Leben für eine humane Wissenschaft
2., durchgesehene und verbesserte Auflage. 1995.
236 Seiten mit 29 Abbildungen. Leinen

Gerhard Prause
Sie liebte nur den Kaiser
Tratschke fragt 75 mal: Wer war's?
1995. 262 Seiten. Gebunden

Biographien bei C.H.Beck
Eine Auswahl

Jörg K. Hoensch
Kaiser Sigismund
Herrscher an der Schwelle zur Neuzeit. 1368–1437
1996. 652 Seiten mit 33 Abbildungen und 5 Karten. Leinen

Karl Christ
Caesar
Annäherungen an einen Diktator
1994. 398 Seiten mit 16 Abbildungen und 5 Karten. Leinen

John Dominic Crossan
Der historische Jesus
Wer Jesus war, was er tat, was er sagte
Aus dem Englischen von Peter Hahlbrock
2. Auflage. 1995. 630 Seiten. Leinen

John C. G. Röhl
Wilhelm II.
Die Jugend des Kaisers 1859–1888
1993. 980 Seiten mit 32 Abbildungen. Leinen

Otto Pflanze
Bismarck
Band 1: Der Reichsgründer
Aus dem Amerikanischen von Peter Hahlbrock
1997. 906 Seiten mit 87 Abbildungen und 2 Karten. Leinen
Band 2: Der Reichskanzler
Aus dem Amerikanischen von Peter Hahlbrock
1998. 808 Seiten mit 79 Abbildungen und 1 Karte. Leinen

Marlis Steinert
Hitler
Aus dem Französischen von Guy Montag und Volker Wieland
1994. 749 Seiten mit 73 Abbildungen. Leinen